LE TEMPS DES ADIEUX
PLAIDOYER POUR UN CANADA SANS LE QUÉBEC
de Reed Scowen
est le six cent trente-neuvième ouvrage
publié chez VLB éditeur.

La traduction en français de cet ouvrage a été rendue possible grâce à une subvention du Conseil des Arts du Canada.

VLB éditeur bénéficie du soutien du ministère du Patrimoine du Canada et de la Société de développement des entreprises culturelles du Québec pour son programme d'édition.

Nous remercions le Conseil des Arts du Canada de l'aide accordée à notre programme de publication.

LE TEMPS DES ADIEUX

PLAIDOYER POUR UN CANADA SANS LE QUÉBEC

DU MÊME AUTEUR

A *Different Vision: The English in Quebec in the 1990s*,
Toronto, Maxwell Macmillan Canada, 1991.

REED SCOWEN

LE TEMPS
DES ADIEUX

Plaidoyer pour un Canada sans le Québec

Traduit de l'anglais par Brigitte Chabert

vlb éditeur

VLB ÉDITEUR
Une division du groupe Ville-Marie Littérature
1010, rue de La Gauchetière Est
Montréal, Québec H2L 2N5
Tél.: (514) 523-1182
Téléc.: (514) 282-7530
Courriel: vml@sogides.com

Maquette et illustration de la couverture: Christiane Houle

Données de catalogage avant publication (Canada)

Scowen, Reed, 1931-
Le Temps des adieux
Traduction de: Time to say goodbye.
Comprend des réf. bibliogr.

ISBN 2-89005-720-8
1. Fédéralisme - Canada. 2. Canada - Politique et gouvernement - 1993-
3. Québec (Province) - Histoire - Autonomie et mouvements
indépendantistes. 4. Relations fédérales-provinciales (Canada) - Québec
(Province). I. Titre.
FC98.S36514   1999   971.064'8   C99-941280-9
F1034.2.S36514   1999

DISTRIBUTEURS EXCLUSIFS:

• Pour le Québec, le Canada
et les États-Unis:
MESSAGERIES ADP*
955, rue Amherst
Montréal, Québec
H2L 3K4
Tél.: (514) 523-1182
Téléc.: (514) 939-0406
* Filiale de Sogides ltée

• Pour la France:
D.E.Q.
30, rue Gay-Lussac, 75005 Paris
Tél.: 01 43 54 49 02
Téléc.: 01 43 54 39 15
Courriel: liquebec@cybercable.fr

• Pour la Suisse:
TRANSAT S.A.
4 Ter, route des Jeunes
C.P. 1210
1211 Genève 26
Tél.: (41-22) 342.77.40
Téléc.: (41-22) 343.46.46

Pour en savoir davantage sur nos publications,
visitez notre site: **www.edvlb.com**
Autres sites à visiter: www.edhomme.com • www.edtypo.com
www.edjour.com • www.edhexagone.com • www.edutilis.com

J'ai été heureux d'apprendre que les éditions VLB avaient décidé de publier la version française de mon livre *Time to Say Goodbye*. Pourtant, à première vue, je me suis demandé comment je pouvais justifier cette démarche de traduction auprès des lecteurs. Ce livre s'adresse à toutes les personnes qui résident au Canada, sauf aux Québécois francophones.

Mon livre n'a pas pour but d'aider les Québécois à décider de leur avenir. J'ignore si l'indépendance va améliorer ou détériorer leur situation. Pendant vingt ans, j'ai lutté contre le projet de la souveraineté – d'autres ont vanté les mérites de l'indépendance. Les Québécois ont eu maintes fois l'occasion d'entendre les prédictions formulées par les deux parties au cœur du débat, et je ne trouve rien de plus à ajouter.

Pourtant, j'en suis arrivé à croire que le Canada serait un meilleur endroit où vivre si le Québec ne faisait plus partie de la fédération. Il s'agit là d'une idée assez nouvelle qui vient de se manifester dans le reste du pays. Seul 10 % de la population en dehors du Québec est actuellement en faveur de cette option. C'est pourquoi j'ai essayé de l'expliquer et d'en faire la promotion – dans le reste du Canada.

Mais à quoi servira exactement cette édition en langue française ? Je tiens tout de suite à rassurer les lecteurs francophones : cette traduction ne cherche aucunement à modifier leur comportement. Si, grâce à cet ouvrage, les Québécois francophones finissaient par se persuader que leur province devrait opter pour le bilinguisme officiel et renoncer à tout jamais à leur projet d'indépendance ou de statut particulier au sein de la fédération, à ce moment-là, mon projet de désinvestiture n'aura plus sa raison d'être. Mais je ne me fais aucune illusion à ce sujet; les Expos remporteront la coupe Stanley bien avant que cela n'arrive.

Malgré tout, je crois que les lecteurs francophones trouveront un certain plaisir à lire cette traduction. La première partie du livre aborde un aspect particulier de la politique du Québec du point de vue de quelqu'un qui, durant deux décennies, a participé activement à la vie publique de la province. Dans la seconde partie, les Québécois francophones, souvent préoccupés par le manque « d'identité » du Canada, trouveront une nouvelle conception du reste du pays, qui se veut très positive. Les nationalistes du Québec partagent un rêve. À mon avis, les Canadiens en ont un bien meilleur.

En ce qui a trait à cette vision du Canada, j'estime que le présent livre renferme un message qui est tout aussi pertinent en français qu'en anglais. Le lecteur découvrira dans les pages qui suivent que je ne suis pas en désaccord avec les francophones du Québec sauf pour ce qui est des valeurs politiques qu'ils ont embrassées. Il va de soi que la plupart des membres de leur communauté appuient ces valeurs, mais possiblement pas tous. J'ose espérer qu'après avoir lu ce livre un certain nombre d'entre eux en arriveront à la conclusion, dans la poursuite de leurs objectifs personnels et professionnels, que la couverture de sécurité que l'État du Québec a tissée pour eux sur le plan linguistique et culturel ne sert pas à les protéger mais à les étouffer. À la lecture de mes descriptions de l'État-nation et de l'association civile, il se pourrait que certains optent pour cette dernière. Ils choisiront le Canada.

Ceux qui feront ce choix devront quitter le Québec, ce qui ne sera pas chose facile pour eux. Dépossédés de leur identité « distincte » et mis sur le même pied que les autres

Canadiens, il ne leur restera qu'à réussir ou à échouer, selon les caprices de la fortune, dans un pays où les lois réprouvent toute forme de favoritisme linguistique et ethnique, n'offrant que la promesse de l'ordre public et n'imposant que les obligations implicites inhérentes à une association civile.

Entourés de gens de tous les continents et de toutes les cultures, ils finiront par parler plus l'anglais que le français. Ce faisant, ils découvriront que la langue n'est qu'un aspect parmi d'autres de leur personnalité, ce dont je me suis moi-même rendu compte après avoir parlé en français au travail et chez moi pendant vingt ans. Ils s'intégreront ainsi que leurs enfants dans la vie canadienne. Leurs horizons seront plus vastes, leurs chances de succès et leurs risques d'échec encore amplifiés. J'ignore combien de Québécois francophones se sentiront attirés par un endroit pareil – un Canada, en Amérique, sans le Québec. Ce ne sera certainement pas un lieu aussi douillet, mais j'aimerais pourtant croire que certains peuvent sentir que c'est là qu'ils aimeraient voir leurs enfants grandir.

Mon livre décrit deux façons de voir la politique, toutes deux sont légitimes, mais inconditionnellement opposées. À mon avis, les francophones du Québec ne peuvent pas profiter des deux à la fois, mais ils ont le choix. La grande majorité, bien sûr, resteront là où ils sont. Peut-être ce livre réussira-t-il à inciter quelques-uns à opter pour le chemin qui est le moins sûr, mais, je crois, le plus stimulant et le plus riche. Je vous souhaite une bonne lecture.

Chapitre premier

Une nouvelle option

Le 15 novembre 1976, il y a déjà plus de vingt ans, un parti séparatiste se faisait élire dans la province de Québec et, depuis cette élection, les conséquences de ce vote ont profondément marqué la vie politique au Canada. En effet, le pays a été submergé par une vague d'incessants débats sur la question de la réforme constitutionnelle, et les efforts déployés par le Canada pour répondre aux aspirations du Québec, tout en maintenant l'intégrité du système fédéral, ont eu de profondes répercussions sur tous les aspects de la politique gouvernementale. Pour envenimer les choses, le débat a tellement été axé sur les différences entre les francophones et les anglophones qu'il n'a fait qu'exacerber les tensions entre ces deux groupes linguistiques et ethniques à travers le pays.

N'importe quelle personne sensée s'est vue forcée, à un moment donné, d'émettre une opinion sur la question, au cours des vingt dernières années. S'il arrive qu'elle reste dans l'oubli pendant quelques mois, nous savons tous pertinemment qu'elle resurgira un jour ou l'autre. Le problème de l'unité nationale est devenu une maladie chronique, et le but de cet ouvrage est de suggérer une façon de la guérir, autrement dit, de mettre fin au mécontentement du Québec au sein de la fédération canadienne.

Peut-être le moment est-il venu de l'inviter à partir.

Une suggestion qui risque fort d'en perturber plusieurs. En effet, un grand nombre de Canadiens ont consacré beaucoup d'énergie aux débats sur l'unité nationale, en s'efforçant de trouver des moyens de répondre aux aspirations du Québec ou, du moins, de les décoder. Ces efforts de réconciliation entre les « deux peuples fondateurs » reposent sur de nobles idéaux : la fraternité et la tolérance. Il faut dire que la cause a ses avantages. Et la seule alternative proposée à ce jour semble mener inévitablement à l'éclatement du pays.

Le concept de « tough love » est récemment venu enrichir notre vocabulaire politique. Frustrés par la lenteur des progrès réalisés, certains Canadiens persistent à vouloir empêcher les Québécois de se retirer de la fédération, même si la majorité d'entre eux devaient opter pour l'indépendance.

On pourrait apporter bien des arguments pour garder par la force ou la persuasion le Québec au sein du Canada. Pourtant, il existe une autre façon de sortir de ce dilemme, un dernier recours, sans appel celui-là, mais qui n'a pas reçu toute l'attention voulue. Nous pourrions encourager le Québec à nous quitter ou même insister pour qu'il parte. C'est là une autre option – appelons-la « désinvestiture[*] » – à envisager pour le Canada et pour l'unité nationale. Dans certaines circonstances, cela pourrait constituer la meilleure solution.

Avant d'évaluer cette proposition, j'invite le lecteur à examiner calmement les possibilités offertes. Presque tous les Canadiens ont leur petite idée sur la manière de dénouer la crise de l'unité nationale ou du moins y réagissent d'une façon quelconque. Peut-être n'ont-ils pas lu la Constitution, mais ils lisent certainement la presse et en discutent avec leurs voisins. Au-delà de la tristesse et de la confusion qu'a engendrées cette crise, quatre tendances ou attitudes se dégagent, qu'il convient d'examiner à la lumière de leurs conséquences possibles si l'on veut les comprendre.

---

* Dans le texte original anglais, l'auteur emploie le terme « Divestiture », que nous avons choisi de traduire par « désinvestiture », un néologisme de sens qui rend bien compte de l'idée.

Les optimistes

Certains Canadiens croient ou espèrent que les Québécois de la nouvelle génération seront moins intéressés au nationalisme dépassé de leurs parents. Ils estiment que ces Québécois sont enfin prêts à jeter aux oubliettes toute idée de séparation. Dans le cas contraire, ils envisagent le règlement du conflit dans les mois à venir, par voie d'un accord constitutionnel que le peuple québécois et celui du Canada anglais pourraient ratifier. Pour ces optimistes, quoi que l'on fasse, le Québec obtiendra bientôt ce qu'il veut, ce qui mettra une fois pour toutes fin au débat.

Les masochistes

Aux yeux des masochistes, les tensions découlant du débat sur la question de l'unité nationale sont bénéfiques. Les défenseurs de cette théorie avancent que le fondement même du Canada repose sur un accord conclu par deux groupes linguistiques distincts, établis chacun sur son propre territoire. Par conséquent, les Canadiens sont les administrateurs d'un traité ethnolinguistique. Dans l'esprit des masochistes, la tension inhérente à ce genre d'entente, qui nous appelle à des ajustements constants de la population, caractérise bien notre vocation politique. Notre mission au sein du concert des nations serait de démontrer que deux entités linguistiques et deux cultures importantes peuvent partager le même espace politique. C'est à nous de trouver un moyen d'embrasser cette mission et de la goûter pleinement.

Sans doute devrait-on inclure dans cette tendance certaines personnes pour qui le débat constitutionnel au Canada est devenu un gagne-pain : professeurs, journalistes, fonctionnaires et politiciens. Ces personnes gagnent leur vie à essayer de nous expliquer la différence entre un « peuple » et une

« société », entre la « souveraineté » et l'« indépendance », la « fédération » et la « confédération ».

Ceux qui épousent un tel point de vue sont enclins à associer la sécession du Québec à l'éclatement du pays. Ils sont peu nombreux, mais leurs convictions restent bien ancrées. On les recense surtout parmi les anglophones du Québec, ce qui n'est pas surprenant.

Les pragmatiques

La troisième attitude envisage la situation comme un débat regrettable, mais qui n'empêche pas l'accomplissement d'autres choses. Il s'agit essentiellement d'un problème de gestion. Aux yeux des pragmatiques, le débat sur l'unité nationale se compare au problème des Noirs aux États-Unis ou à celui de la religion en Irlande : c'est une réalité sociopolitique permanente de notre pays. Les premiers ministres du Canada les plus avisés ont toujours compris que leur tâche principale était d'assurer l'équilibre de cette relation. Les pragmatiques prétendent que la meilleure façon d'y parvenir est d'éviter la confrontation en se gardant autant que possible d'aborder le sujet. Ils font souvent allusion à cette image politique de « siffler en passant devant un cimetière ».

D'autres pragmatiques affichent une attitude plus cynique. Pour eux, c'est une bonne idée d'occuper nos politiciens avec les questions constitutionnelles, car cela leur laisse moins de temps pour affaiblir notre économie et pour se mêler de nos vies privées.

Les fatalistes

La quatrième et dernière tendance : beaucoup de Canadiens anglais voient le problème du Québec comme une situation malheureuse qui nous empêche d'avancer – une forme de maladie chronique bénigne, mais pour laquelle il n'existe aucun traitement. Un peu comme l'arthrite. Il ne nous reste donc que l'espoir. Entre-temps, on peut toujours essayer un petit tour de magie, un rassemblement ou un programme d'échanges universitaires. Certaines de ces personnes s'opposeraient à toute concession faite au Québec, tandis que d'autres seraient prêtes à laisser leur premier ministre provincial faire une dernière tentative. Dans l'intervalle, ils attendent tous que les Québécois prennent l'initiative, dans la perspective d'un autre référendum. Si c'est le cas et si cette fois le « Oui » l'emporte, nous allons tomber du pont quand nous arriverons à la rivière.

L'attitude de ces fatalistes colle bien aux paroles de la prière de Joe E. Brown : « *I hope I break even today. I need the money* », et semble correspondre à ce que la majorité des Canadiens éprouvent actuellement face au problème de l'unité nationale.

Optimistes, masochistes, pragmatiques ou fatalistes, quelle est votre position concernant la question du Québec ? Une façon de le savoir est de fixer un délai qui serait acceptable pour en arriver à une solution. Pendant encore combien de temps serez-vous prêts à composer au quotidien avec ce débat ? Éternellement ? Encore vingt ans ou plus ? Jusqu'au prochain référendum du Québec ? Jusqu'à ce que l'on fasse un dernier effort pour procéder à une réforme constitutionnelle ?

Toutes sont des réponses dignes de bons citoyens canadiens.

Mais que se passerait-il si vous avez conclu que cette question ne sera jamais résolue, que le Québec ne sera jamais satisfait une fois pour toutes, même avec un transfert de pouvoirs d'Ottawa ou une réforme constitutionnelle, peu importe le libellé ?

Et si vous avez conclu que le Québec ne votera jamais pour obtenir sa totale indépendance, sans pour autant se contenter de moins que l'indépendance, puisque ce climat permanent de tension joue en sa faveur ? Autrement dit, que se passerait-il si vous croyez qu'il ne saurait y avoir de fin au débat, non plus qu'aux coûts économiques et sociaux qu'il entraîne, aussi longtemps que le Québec fera partie intégrante du Canada ?

Et si vous croyez que les notions de « deux nations fondatrices », de « statut particulier » ou de « société distincte » ne pourront jamais se traduire par une formule constitutionnelle sérieuse qui soit suffisamment juste et acceptable pour toutes les provinces du Canada et par les Canadiens ?

Et si vous en arriviez à la conclusion que ce débat virulent s'avère destructeur pour le reste du Canada, aussi bien sur le plan pratique que sur le plan psychologique, et qu'il nous détourne de projets plus vitaux, essentiels au bien-être de sa population ?

Au fil des vingt dernières années, je suis passé par les quatre positions, celles de l'optimiste, du masochiste, du pragmatique et du fataliste, sans jamais me sentir pleinement satisfait. C'est pourquoi j'aimerais examiner une cinquième option. On peut, je crois, arguer que le débat sur l'unité est une crise tellement malsaine et aux effets si néfastes pour le Canada qu'on doit résoudre cette question au plus tôt et de façon énergique.

La seule solution possible reste la désinvestiture, laquelle ne signifiera nullement le démembrement du pays. Le Canada a commencé avec quatre provinces, puis est passé à dix. Nous pouvons bâtir un excellent pays avec seulement neuf. Nous examinerons cette solution dans les pages qui suivent.

Les arguments en faveur de la désinvestiture reposent sur quatre prémisses qui, pour le moment, ne jouissent pas d'un appui général.

La *première* prémisse est que, pour des raisons historiques et démographiques, les Québécois se sont forgé leur propre idéologie politique, fondée sur une seule idée globalisante. Pour jouir d'une véritable crédibilité au Québec, tous les gouvernements et leurs représentants élus doivent y adhérer entièrement. Il ne s'agit pas d'indépendance ou de séparation, mais de langue, et avant tout d'ethnicité, ce que certains Québécois préfèrent qualifier de « culture ». À leurs yeux, la plus grande responsabilité du gouvernement du Québec, province ou État indépendant, est de mettre en lumière et de renforcer la langue et la culture françaises, de manière à faire évoluer les intérêts des francophones. Aux quatre coins du Québec, cette idée se traduit par l'expression « combat pour la survie culturelle ». Le Québec est un « État-nation ».

Il ne s'agit pas simplement d'une question d'identité. Pour les Québécois francophones, la question de la langue et de la culture est devenue un outil politique redoutable, capable de leur donner et de leur conserver le pouvoir tant sur le plan personnel que sur le plan collectif. Si la crise de l'unité a pu se traduire par un net affaiblissement de la situation économique pour le travailleur moyen du Québec, elle a permis aux élites de la province de réaliser des bénéfices substantiels. Les tensions engendrées par cette crise dans le reste du Canada ont parfaitement concordé avec les objectifs personnels des dirigeants du Québec, et il n'y a aucune raison qu'ils changent le *statu quo*, en optant pour la séparation ou en résolvant une fois pour toutes le problème. Dans le débat sur l'unité, le Québec joue aux échecs et le reste du pays, aux dames.

La *deuxième* prémisse est que, dans le cours de la poursuite des objectifs linguistiques, l'identification politique du Québec avec le Canada et les Canadiens anglais a été anéantie irrémédiablement. Pendant plus de vingt ans, tous les efforts axés sur l'affirmation de la langue et de la culture françaises au Québec ont été associés à une certaine image des Anglais – au Québec, à Ottawa et dans le reste du pays – responsables des problèmes du Québec. Par voie de conséquence, l'identification du Québec au Canada – l'acceptation implicite de son code moral, le désir de participer à ses projets et d'afficher ses symboles – s'est détériorée irrémédiablement. La majorité des Québécois, sauf d'une façon très limitée et essentiellement pour des raisons économiques, ne se considèrent plus comme des membres à part entière de la communauté canadienne.

Cette situation entraîne des conséquences qui vont bien au-delà du Québec. À travers le pays, cette hostilité latente érode les efforts essentiels en vue de créer un sentiment de fraternité entre les différentes populations et les communautés canadiennes et d'obtenir un consensus national sur les problèmes d'intérêt public. Sur ce plan, le Québec constitue une menace directe pour l'unité du pays, aussi longtemps qu'il sera un membre de la fédération canadienne.

La *troisième* prémisse est que le reste du Canada n'est pas formé « d'États-nations » ; il relève plutôt d'une « association civile » et, en tant que telle, il n'a aucune idéologie ni vocabulaire qui lui permette d'engager avec le Québec un débat linguistique ou d'évoluer avec le Québec sur une base de coopération fructueuse au sein d'une seule unité politique. Le reste du pays a choisi une vocation différente. Rien n'indique que l'on pourra trouver une solution constitutionnelle capable de réconcilier ces différences et il ne sert à rien de continuer à s'interroger pour savoir si les Québécois ont raison ou non. À leurs yeux, cette cause peut leur sembler compréhensible, cohérente et convaincante, mais elle n'en demeure pas moins inacceptable et même ennuyante pour le reste du Canada.

La *quatrième* prémisse, la plus importante, est que la destinée du Canada, le projet canadien, ne devrait pas se réduire à une simple illustration du concept des « deux nations fondatrices » et à un effort perpétuel en vue d'accommoder leurs intérêts au sein de nos structures politiques. Il est temps de soulager notre pays de cette pression. Nous lui avons demandé de faire l'impossible. Les frustrations que ressentent à cet égard les Canadiens établis hors du Québec sont justifiées. Elles sont malsaines et devraient être apaisées.

Nous, les Canadiens, devons faire face à des problèmes beaucoup plus importants qui ne sont nullement définis par les langues que nous parlons. Le projet canadien, une fois libéré du fardeau de ce débat sur le Québec, prendra tout son sens et l'unité canadienne en ressortira encore plus forte. Avec la désinvestiture, nous ne ferons aucun compromis quant à nos deux valeurs de base : la fraternité et la tolérance. Nous pouvons les utiliser pour des causes plus enrichissantes sous forme d'une association politique soucieuse d'offrir à chacun des possibilités à parts égales dans un climat de sécurité, quels que soient son lieu de naissance et sa langue maternelle.

Ces prémisses ne vont pas de soi. Il faut les expliquer. Même si elles sont acceptées, il faudra toujours justifier la désinvestiture, tant sur le plan économique que sur les plans social et psychologique. Il faut les soupeser soigneusement et les comparer aux coûts reliés à nos politiques actuelles.

Enfin, en admettant que l'on arrive à se convaincre des avantages de la désinvestiture, encore faudra-t-il trouver une façon de la réaliser. Comment pourra-t-on persuader le Québec de quitter la fédération et comment pourra-t-on accomplir rapidement la désinvestiture et à moindres frais ? C'est ce que nous verrons dans les chapitres suivants.

Il se pourrait que certains lecteurs ne se laissent pas convaincre par les arguments à l'appui de la désinvestiture. J'estime pourtant qu'il s'agit d'une option sérieuse et réaliste, susceptible de devenir un élément permanent du débat constitutionnel et qui mérite d'être étudiée au fil des événements et dans les mois à venir. Elle donnera notamment l'occasion aux Canadiens de se lancer dans un nouveau projet positif qui leur est propre et de mettre fin aux nombreuses années passées à simplement répondre au dernier ultimatum de Québec.

CHAPITRE II

Un petit mot sur l'auteur

Quiconque se penche sur le problème de l'unité nationale du Canada réagit en fonction de sa propre expérience. C'est pourquoi j'aimerais d'abord me présenter avant d'aller plus loin. Né au Québec, je suis d'origine canadienne-anglaise, parfaitement bilingue, et je réside à Montréal.

Ici, au Québec, je suis étiqueté sous le nom d'« anglophone ». Si je me réfère au dictionnaire *Robert*, un anglophone est tout simplement « une personne qui parle la langue anglaise ». Au Québec, pourtant, ce mot a une tout autre signification. Il s'agit en fait d'une étiquette semi-officielle que l'on colle aux résidants d'ascendance anglaise. Ce terme reflète en fait l'origine ethnique plutôt que la langue parlée.

Chaque résidant du Québec est identifié par l'étiquette « anglophone », « francophone » ou encore, s'il a une origine autre que française ou anglaise, « allophone ». Pour bien comprendre ce qui se passe au Québec, il faut avant tout s'habituer à entendre chaque jour ces expressions dans la bouche du gouvernement, de la presse et de vos amis. Ainsi, les différents sondages d'opinion afficheront toujours leurs résultats en fonction des groupes ethniques. Quant aux chroniqueurs sportifs, ils surveilleront de près les temps de jeu alloués aux joueurs de hockey francophones et anglophones de l'équipe locale.

Ces expressions ne concernent que les seuls résidants du Québec. Vous ne trouverez pas d'« anglophone » en dehors de cette province. En effet, ce terme désigne rarement une personne de langue anglaise établie dans une autre province du Canada et ne s'applique jamais à un Américain. Son usage se limite au Québec.

On a souvent dit que les francophones et les anglophones du Québec formaient « deux solitudes » et que chacun menait sa vie sans chercher à comprendre l'autre. Ce n'est pas tout à fait mon cas.

Je ne fais pas partie de ces « Rhodésiens de Westmount » dont la caricature alimente le discours séparatiste. Il se trouve que j'ai grandi dans une petite ville du Québec fondée par des colons anglais. Mes parents, précédés par quatre générations d'ancêtres, ont modestement vécu dans des petits villages de la région des Cantons-de-l'Est, héritière d'une longue tradition de cohabitation harmonieuse entre les anglophones et les francophones. Certes, cette harmonie n'a pas toujours été parfaite, et je me souviens qu'étant enfants nous nous battions souvent contre les petits francophones, mais nous nous fréquentions beaucoup et il régnait un esprit de tolérance qui se terminait souvent par des mariages mixtes.

Dans ma jeunesse, la majorité de la population des Cantons-de-l'Est était anglophone, de même que le nom des villages, par exemple: East Angus, Bishopton, North Hatley. Depuis, la révolution linguistique a tout renversé et les francophones représentent actuellement 90 p. 100 de la population régionale, ce qui n'empêche pas la persistance d'un bon esprit de collaboration. Lorsque les policiers de la langue insistent pour que l'enseigne *Greg 'n' Roland Restaurant* soit changée par Restaurant Greg 'n' Roland, ce sont les francophones comme les anglophones qui s'interrogent sur leur santé mentale !

Je ne parlais pas français couramment dans mon enfance. Ce n'est qu'au début de la quarantaine que j'ai décidé de l'apprendre sérieusement et de m'immerger totalement dans la vie communautaire des francophones, lesquels, à cette époque, formaient déjà 80 p. 100 de la population du

Québec. Personne ne pourra me reprocher de m'être engagé à moitié. Je suis devenu l'un des quelques rares Québécois anglophones, à peine deux douzaines au cours des vingt dernières années, à entreprendre une carrière à plein temps sur la scène politique et publique du Québec.

Quelques mois seulement après l'arrivée au pouvoir de René Lévesque et du Parti Québécois, en 1976, j'étais élu à l'Assemblée nationale du Québec, en tant que membre du Parti libéral, dans la circonscription de Notre-Dame-de-Grâce (NDG). L'électorat s'y divise aujourd'hui à peu près également entre les francophones et les anglophones. Pendant dix ans, j'ai été leur député et traversé trois élections ; durant ces années, j'ai travaillé presque exclusivement en français. En vertu de la Constitution canadienne, tous les membres de la législature québécoise ont le droit de s'exprimer en anglais, mais ils ne le font pas parce qu'à peu près personne ne les comprendrait, que ce soit à la radio ou à la télévision. C'est pourquoi nous parlons presque toujours en français.

J'ai vécu dix années passionnantes en politique. Nous avons fait tout ce que les autres législatures provinciales du Canada faisaient, mais, en plus, nous avons organisé un référendum sur l'indépendance, en 1980. Par ailleurs, nous avons adopté et modifié à plusieurs reprises différentes lois très controversées sur la langue, comme la fameuse loi 101. Ce fut une période très agitée, tant pour le Québec que pour le reste du Canada. Nous avons passé de nombreux jours et de nombreuses nuits à Québec, ce qui m'a donné l'occasion de connaître tous les acteurs de ce drame. René Lévesque et moi-même avions tendance à nous taper mutuellement sur les nerfs. En revanche, je m'entendais très bien avec certains autres membres du gouvernement, comme Jacques Parizeau, Gérald Godin, Pierre-Marc Johnson, Rodrigue Biron, Bernard Landry, Yves Duhaime, pour n'en nommer que quelques-uns. Il va sans dire qu'au sein du Parti libéral la plupart de mes collègues étaient francophones. Plusieurs sont encore de bons amis. J'ai parcouru la province de Québec d'un bout à l'autre durant ces dix années, aussi bien pendant les campagnes électorales et référendaires qu'à l'occasion de réunions du Parti libéral.

En 1985, alors que les libéraux reviennent au pouvoir, j'ai été nommé conseiller économique principal et adjoint parlementaire du premier ministre Robert Bourassa. À ce titre, j'étais assigné à son cabinet. J'ai occupé ce poste pendant deux ans. Lorsque j'ai quitté la politique, j'ai continué à travailler au sein de la fonction publique du Québec, de 1987 à 1995, surtout en français, à titre de délégué général de la province, à Londres et à New York.

Toutes ces années représentent vingt ans d'engagement total sur la scène publique du Québec, non seulement comme observateur intéressé, mais aussi comme participant parlant français. Même si je ne suis toujours pas reconnu en tant que francophone, et ne le serai jamais, il n'en demeure pas moins que je crois comprendre assez bien ce qui se passe dans le Québec francophone.

J'ai toujours fait connaître mes opinions durant ces années. Après mon élection, un de mes premiers gestes a été de rédiger un manifeste sur le rôle des anglophones au Québec[1]. Et depuis, je n'ai pas cessé de parler et d'écrire sur les différentes politiques économiques, linguistiques et constitutionnelles du Québec et du Canada. En général, mes opinions ont été vues d'un œil favorable par les anglophones et les francophones du Québec.

J'aimerais avant tout préciser ici que, même si je me propose d'étudier les moyens de faire sortir le Québec de la fédération canadienne, ce n'est pas faute de bien m'y sentir ou par dépit par rapport à mes années d'expérience dans les affaires publiques de cette province. Bien au contraire. J'ai passé des moments agréables à faire des choses utiles.

Il faut aussi comprendre que je n'aborde dans ce livre que l'aspect politique. Pour la plupart d'entre nous, cet aspect n'occupe qu'une petite place dans nos vies, nos préoccupations, nos joies et nos peines se trouvant ailleurs. Ce qui nous caractérise essentiellement, ce sont notre famille, nos amis, notre travail, notre religion, nos activités, les arts, les médias, etc. Même au Québec, où notre « identité collective » revêt une importance primordiale pour l'État, on peut profiter d'une infinie variété de plaisirs et d'occasions. Même si le Québec n'était plus une province canadienne, il restera à tout jamais un endroit où il fait bon vivre, et Montréal et les Laurentides seront toujours des lieux touristiques aussi accessibles et appréciés.

Je ne suis certainement pas fatigué du Québec et des Québécois, loin de là. C'est ma province natale, mon lieu de résidence et j'ai déjà réservé ma place au cimetière de North Hatley. Cet ouvrage ne traite que de politique, dans un système fédéral.

Au cours de ma vie publique, j'ai trop souvent dû choisir entre le Québec et le Canada. Parce que j'avais choisi de travailler pour le gouvernement québécois, j'avais tendance à favoriser les intérêts du Québec. Mais, pour voir un aquarium, il vaut mieux ne pas être un poisson. Depuis mon départ de la vie politique, j'ai vécu à Londres et à New York, et tout récemment mon travail m'a amené à parcourir le Canada. Avec les années, et mon changement d'environnement, j'en suis venu à reconsidérer certaines des positions que j'ai prises durant ma vie de politicien québécois. Par exemple, j'ai voté contre le rapatriement de la Constitution en 1982 et pour l'accord du lac Meech et sa clause de « société distincte » en 1987. J'étais convaincu d'agir pour le bien-être du Québec, à l'encontre de la majorité des électeurs de ma circonscription. Maintenant, je me demande si j'avais raison.

J'ai aussi commencé à regarder différemment mes expériences des vingt dernières années et, ce faisant, j'ai redécouvert le Canada. Mais c'est sûrement au Québec que cette nouvelle vision a vu le jour.

CHAPITRE III

Une révélation choquante

Le Québec est un État-nation. Cela n'a pas toujours été clair à mes yeux. Habitant Montréal dans les années 1960, j'ai vu grossir graduellement la vague de nationalisme au Québec – sous la forme du Front de libération du Québec (FLQ) et des débats linguistiques. Pourtant, ce n'est qu'au début de 1977 que j'en ai ressenti les effets sur ma vie personnelle.

À l'époque, j'étais un fonctionnaire québécois, mais je travaillais à Ottawa, ayant été affecté à la Commission de lutte contre l'inflation du gouvernement fédéral. Quelques semaines auparavant, un parti séparatiste, le Parti Québécois, avait été élu pour former le gouvernement du Québec. Il était évident que des événements d'une grande importance se déroulaient dans ma province. Je voulais en être. C'est pourquoi j'ai pris l'avion pour Québec et rendu visite à Louis Bernard, le chef du cabinet du nouveau premier ministre du Québec, René Lévesque. Comme il était sur le point de devenir secrétaire du conseil exécutif, le plus haut fonctionnaire du gouvernement du Québec, je lui ai demandé de me réintégrer dans mon poste de fonctionnaire.

Sa réponse a été percutante. Il m'a dit qu'à son avis il valait mieux que je démissionne, car il n'y avait plus de place pour les anglophones dans la fonction publique du Québec.

Ma rencontre avec Louis Bernard s'est déroulée en français. Mais même si je me suis adressé à lui en français, aux

yeux de son gouvernement, j'étais un «anglophone». Par
conséquent, une carrière dans la fonction publique de ma propre province devenait impossible. Cette révélation m'a totalement pris par surprise. Après tout, ma famille est établie au
Québec depuis plusieurs générations.

Je n'oublierai jamais cet entretien. C'était le vendredi
14 janvier 1977, et la première fois qu'on me laissait entrevoir les conséquences que le nationalisme québécois aurait
dans ma vie. Mais je n'ai nullement été découragé. Je me
souviens même m'être imaginé que cette réponse n'était
que l'opinion du gouvernement «du jour». Cette tentative
simpliste de discrimination ethnique ne pouvait certainement pas refléter l'attitude du peuple québécois.

J'ai voulu lui prouver qu'il avait tort. En quittant son
bureau, je n'ai pas eu le réflexe de fuir ma province sur-le-
champ ni de grogner. Au contraire, dans les dix-huit années
qui allaient suivre, j'ai totalement participé, en tant qu'anglophone, aux affaires publiques du Québec. Ce faisant, j'ai
découvert que M. Bernard avait raison. Les Québécois de
langue française ne voient aucune raison de s'encombrer
d'anglophones dans la fonction publique. C'est pourquoi il
n'y en a pas de nos jours. De plus, cette tendance à limiter
et à restreindre les dimensions de la communauté anglophone va bien au-delà de la simple représentation au sein
de la bureaucratie. Malgré les inlassables déclarations ri-
tuelles sur le respect de ses «droits historiques», la communauté anglophone de la province est si restrictivement définie et est si étroitement régie par les lois qui restreignent ses
activités qu'elle décline, et ce de façon irréversible. Ces restrictions sont appuyées par les deux seuls partis politiques
qui importent au Québec, pour la simple raison que presque
tous les Québécois de langue française, en tout cas ceux qui
ont une certaine influence, l'ont voulu ainsi.

Mon envie de défendre la cause d'une communauté
anglophone autonome au Québec, tout en maintenant la
présence du Québec au sein du Canada, s'est évanouie dans

la soirée du 30 octobre 1995, au moment précis où le premier ministre de la province a pointé du doigt les « groupes ethniques », rejetant sur eux la responsabilité de la défaite de son projet d'indépendance. Plus tard, il a justifié ses remarques en les faisant passer pour un simple exemple d'analyse sociopolitique. Mais cette nuit de référendum, M. Parizeau ne parlait pas en qualité de professeur, mais de premier ministre de l'ensemble de la population du Québec. Sa déclaration nous rappelait tristement qu'en fait rien n'avait changé en vingt ans. Il ne faut sans doute pas monter cet incident en épingle ni celui de ma visite à Louis Bernard en 1977, ce ne sont que de simples illustrations d'événements, mais elles me serviront d'encadrement pour l'histoire qui va suivre.

Lorsque je me suis embarqué dans cette aventure, je voulais que la communauté anglophone continue d'avoir une place dans la province qu'elle considérait comme son foyer depuis plusieurs générations, en tant que Canadiens à part entière. Tout au long de la vague de nationalisme français, je rêvais toujours d'un Québec bilingue.

Pour moi, un Québec bilingue signifie un endroit où deux langues – l'une jugée essentielle sur le plan interne, et l'autre, une nécessité sur ce continent – sont respectées au même titre par l'État et la population. Il ne s'agit pas d'une patrie linguistique. Dans un Québec bilingue, le gouvernement doit assumer ses responsabilités tout en maintenant l'équilibre entre les deux langues. On peut certes encourager l'usage de la langue française de manière à neutraliser la forte attraction de l'anglais, encore faut-il veiller à ce que cela soit fait en étroite collaboration avec la communauté anglophone. Ce genre d'équilibre paraît difficile à atteindre, car il implique un ajustement perpétuel sanctionné par l'État et reconnu par tous les citoyens comme un lien moral mutuellement valorisé. Mis à part les joies que procurent aux citoyens les pubs anglais et les bistrots français, une telle situation pourrait produire une société plus ouverte, plus tolérante et plus raffinée. Autrement dit, un endroit où il est encore plus agréable de vivre.

Les fondations étaient déjà en place. Au fil des années, les anglophones du Québec avaient créé une communauté distincte possédant un grand nombre d'institutions dans les domaines de la santé, de la culture et des affaires qui fonctionnaient en anglais. Cette situation n'avait rien d'immoral. Ce n'était sûrement pas nécessaire de démembrer cette communauté pour donner plus de place au français. Était-il impossible pour un groupe de s'épanouir sans forcer l'autre à s'affaiblir ?

Les francophones prétendent que leurs minorités établies dans les autres provinces du Canada avaient beaucoup moins de « privilèges » que les anglophones du Québec. Mais pour les Québécois anglophones, cette comparaison n'avait aucun rapport, car il n'était pas question qu'ils quittent le Québec pour aller vivre en français au Manitoba. Pour que les anglophones restent au Québec, il faudrait leur offrir des conditions de vie raisonnablement concurrentielles au regard de celles qu'ils peuvent avoir, en anglais, ailleurs au Canada ou aux États-Unis.

Mon raisonnement n'était pas aussi limpide en 1977. À cette époque, je croyais que nous pourrions vivre à Montréal de la même façon que dans les Cantons-de-l'Est de mon enfance. Il allait de soi alors que notre communauté était formée de francophones et d'anglophones, que nous étions différents, mais que nous avions le sentiment d'appartenir au même lieu. Je croyais qu'un tel esprit d'entente pouvait s'appliquer aussi à Montréal.

Si je voulais contribuer à la création d'un environnement compétitif pour les Québécois anglais, il fallait avant tout régler deux problèmes : l'avenir des anglophones au Québec et l'avenir du Québec dans le Canada. Dans les deux cas, le Québec francophone a pris l'initiative et le reste du Canada devait y réagir. J'ai décidé de participer activement à l'aménagement de cette réponse.

Après deux décennies d'engagement intense, j'en suis venu à la conclusion qu'un grand nombre d'anglophones ne choisiraient pas le Québec comme lieu de résidence, de travail ou pour y élever leur famille. Cette situation ne risque pas de changer, car c'est la volonté de la majorité des Québécois francophones.

Beaucoup de gens de la communauté anglophone du Québec estiment que j'ai mis bien du temps à comprendre et que cela n'aurait pas dû me prendre dix-huit ans. En réalité, dès mes premières heures sur la scène politique, j'ai littéralement été assiégé par des adversaires appartenant à la communauté anglophone qui affirmaient que je perdais mon temps. Bien d'autres n'ont pas cru bon de discuter avec moi, ils ont préféré quitter la province. Cependant, même aujourd'hui, il reste quelques Québécois anglophones qui prétendent encore que deux décennies ne suffisent pas à régler le problème et qu'il faut poursuivre la lutte.

Je vais vous raconter mon histoire. À vous de juger.

CHAPITRE IV

La loi 101 - Claude Ryan à la rescousse !

Après ma rencontre avec M. Bernard, mes occupations m'ont retenu à Ottawa pendant presque deux ans. Mais, à l'automne de 1978, je me suis retrouvé au Québec sur la scène politique, en plein cœur d'un débat animé entre francophones et anglophones sur la question du pouvoir politique et économique subtilement dissimulé derrière le terme romantique d'*épanouissement*[*] culturel. Je me trouvai confronté à la Charte de la langue française, communément appelée loi 101[1].

Les fondements de la loi 101

Depuis au moins 1976, presque tous les Québécois, aussi bien séparatistes que fédéralistes, sont d'accord sur deux points : ils veulent plus de pouvoir politique et constitutionnel pour le Québec et moins pour Ottawa. Ils veulent plus de pouvoir que celui qui est alloué aux autres provinces du Canada, un « statut particulier » ou la « souveraineté-association ». Pour justifier leur requête, un seul argument : protéger et renforcer la langue et la culture françaises. Les séparatistes insistent pour qu'on leur accorde tous les pouvoirs, tandis que les fédéralistes cherchent la reconnaissance en tant que « société distincte ». Un seul postulat sous-tend ces demandes : vous

---

[*] En français dans le texte original.

êtes anglais, nous sommes français, et nous voulons nous gouverner nous-mêmes.

Que se passerait-il s'il y avait des transferts de pouvoirs additionnels ? Personne ne le sait. On peut seulement l'imaginer en regardant ce que les gouvernements successifs, avec les pouvoirs dont ils disposaient déjà, ont accompli durant les deux dernières décennies pour favoriser le rayonnement de la langue et de la culture françaises. Logiquement, la situation actuelle serait le point de départ de tous les autres gestes d'affirmation.

Depuis le début de la Révolution tranquille du Québec, une des façons de renforcer la langue française, certainement la plus civilisée, a été d'encourager son usage par le biais d'interventions positives. En théorie du moins, l'usage plus intensif du français n'implique pas un recul de l'usage de l'anglais. Pourtant, dans les années 1960, un consensus s'est dégagé au Québec voulant que des interventions positives seraient insuffisantes, car l'anglais exerce une attraction trop forte. Des considérations pratiques, doublées d'un fort besoin de se venger des injustices du passé, menèrent à l'élaboration d'une loi en vertu de laquelle l'espace occupé par la langue anglaise au Québec serait réduit au profit du français.

Toute la population francophone du Québec, urbaine ou rurale, jeune ou âgée, riche ou pauvre, est d'accord avec ce raisonnement. Depuis vingt ans, le débat sur la langue au Québec ne s'articule pas autour de la question de la pertinence d'une loi visant à limiter l'usage de l'anglais, mais bien autour de la question de la portée que devrait avoir une telle loi.

Les dindes ne votent pas pour le jour de Noël ! Les Québécois anglophones se sont instinctivement opposés à la législation linguistique. La réaction de plusieurs, au moment de l'adoption de la loi 101, en 1977, a été de fuir la province. Malgré tout, un nombre surprenant de membres influents de la communauté anglophone ont compris les craintes de leurs voisins francophones et se sont montrés disposés à accepter la loi à condition qu'elle soit appliquée dans un esprit de compromis.

J'ai déjà expliqué, dans un ouvrage précédent, comment on est arrivé à ce compromis[2]. Les anglophones ont été pris par surprise. Eux qui s'étaient toujours considérés comme des Canadiens anglais établis au Québec n'auraient jamais imaginé qu'un jour ils devraient s'organiser en tant que groupe linguistique minoritaire. Ils ne s'étaient jamais même interrogés sur leur appartenance linguistique. Mais, pour que la majorité du Québec devienne francophone, les personnes de langue anglaise établies dans la province étaient invitées à devenir « anglophones ».

Plusieurs membres influents de la communauté anglaise ont accepté l'invitation et, au fil des années, ils ont réussi à déterminer l'espace et les institutions jugés essentiels à leur survie et à leur évolution au Québec. Il ne s'agissait pas, pour ceux qui étaient engagés dans cet exercice, d'inventer un paradis, mais plutôt de créer un environnement qui serait concurrentiel avec Toronto et le reste de l'Amérique du Nord comme lieu de résidence acceptable pour les anglophones. Depuis près de quinze ans, ce compromis – en l'occurrence l'établissement de limites aux restrictions touchant l'usage de l'anglais, de façon que la communauté anglophone dispose de l'espace nécessaire à son maintien au Québec – est connu et compris par tous.

Depuis le début, il ne faisait aucun doute que le parti séparatiste, le père de la loi 101, n'aurait aucun intérêt à modifier celle-ci. C'est pourquoi le Parti libéral du Québec, à qui la communauté anglophone avait promis son appui, s'engagea à modifier, une fois qu'il serait au pouvoir, les différentes lois linguistiques, de manière à garantir un nouvel équilibre entre les communautés française et anglaise. Mais la promesse ne fut pas remplie, même durant les neuf années de gouvernement du Parti libéral, de 1985 à 1994, pour la simple raison que la communauté francophone ne soutenait pas les mesures demandées.

Je me suis retrouvé pendant dix-huit ans directement impliqué dans ce débat linguistique d'abord en ma qualité de membre de l'Assemblée nationale, et, plus tard, en tant que président du conseil d'administration d'Alliance Québec, un groupe qui a pour mandat de défendre les intérêts de la communauté anglophone.

Un homme de principes

Lorsque je suis entré à l'Assemblée nationale, en 1978, le Parti libéral formait l'opposition officielle. Claude Ryan était son nouveau chef et les fédéralistes du Québec s'étaient ralliés autour de lui, le jugeant seul capable de mettre au défi le gouvernement séparatiste, de faire échec au projet de référendum sur l'indépendance et de remporter la prochaine élection provinciale.

L'élection de René Lévesque en 1976 avait semé la confusion dans les rangs des fédéralistes et c'est dans cet état d'esprit qu'ils choisirent Claude Ryan. Mal adapté aux exigences de la vie politique, il fut un des acteurs les plus tragicomiques de la scène politique contemporaine du Québec. Excellent journaliste, doué d'une grande intelligence et d'un bon sens de l'humour, il pouvait être aussi émotif que son adversaire René Lévesque. Mais, contrairement à lui, il soutenait que toutes ses déclarations émanaient d'une réflexion à la fois morale et intellectuelle, peu importe qu'elles se contredisent. À la différence de la plupart des politiciens, il aimait s'exprimer par écrit. Claude Ryan se voyait également comme le porteur du flambeau moral que le commun des mortels aurait rêvé devenir. Bien avant que les boxeurs professionnels et les joueurs de football attribuent leurs succès à l'intervention divine, Ryan déclarait à ses partisans que « la main de Dieu » le guidait dans son cheminement politique. Inutile de dire qu'une telle liaison avec l'Éternel inspira plus d'une raillerie aux journalistes québécois.

À la suite du fameux discours de Lennoxville, dans lequel Ryan énumérait les 12 règles que tout candidat en quête d'une nomination officielle au Parti libéral devrait respecter, les libéraux en vinrent rapidement à s'interroger sur leur nouveau chef. Ryan déclara qu'il ne s'associerait qu'à des gens bien portants sur le plan des finances et de la santé morale et physique et dont la vie privée était « droite et honorable ». Les aspirants libéraux devaient également être d'une « intégrité professionnelle et civique à toute épreuve », posséder une « bonne formation intellectuelle » et « être capables d'activité intellectuelle indépendante ». Quiconque était à la recherche d'un « avancement personnel » n'était pas le bienvenu.

Je me rappelle m'être senti soulagé d'avoir été élu avant la mise en application de ces nouvelles règles. La presse s'empressa de nous passer au crible, mes collègues et moi, à la lumière de ces nouveaux critères. Toujours est-il que la réalité reprit le dessus et en tant qu'heureux membre du groupe de vauriens, de pécheurs et d'égoïstes finalement choisis parmi les libéraux pour se présenter aux élections de 1981, j'ai été ravi d'apprendre qu'après tout Claude Ryan était fier de nous. C'était un homme de principes certes, mais cette fois il s'agissait de nouveaux principes. Il déclara que nous avions été choisis de façon démocratique dans chaque circonscription électorale et que nous étions de véritables représentants du peuple.

Cette expérience aurait dû me préparer à la vertigineuse gamme de positions que Claude Ryan allait prendre sur la question de la langue dans les années qui ont suivi. Cet homme qui, en 1978, dénonçait le fait que la loi 101 « empêchait abusivement » l'usage de l'anglais sur les enseignes en est venu à voter pour le maintien de cette interdiction en 1988, pour la simple raison qu'il venait de se rendre compte du «profond attachement des francophones du Québec envers la loi 101[3]». Lorsque Claude Ryan est devenu ministre de l'Éducation, il a tout simplement renié les promesses qu'il avait faites en 1979 relativement aux droits d'accès à l'école anglaise.

Peut-être est-ce injuste de singulariser Claude Ryan pour ses contradictions sur la question linguistique, car la majorité de l'élite fédéraliste du Québec affiche cette même ambivalence. Dans leur tête, ces fédéralistes comprennent que les anglophones ont le droit d'être traités comme des membres à part entière de la société québécoise, mais, dans leur cœur, ils pensent que ce serait plus facile pour tous si ces mêmes anglophones arrêtaient de geindre et acceptaient le *statu quo* ou alors quittaient la province.

Il n'empêche que, depuis le début du débat, Ryan a été la seule personne à définir tous les principes en question. Il a formulé, par écrit, un compromis acceptable entre les francophones et les anglophones du Québec. Il n'a peut-être pas réussi à se faire élire comme premier ministre, mais pendant un certain temps du moins, en tant que ministre très influent dans le gouvernement Bourassa de 1985, il a eu la possibilité de mettre en pratique beaucoup de ses promesses et de ses principes. Malheureusement, il a changé d'idée. Les anglophones s'étaient attachés à un messie, mais il était «à l'extérieur de la ville» le jour du Jugement dernier.

La promesse des libéraux

Mais je m'éloigne! L'été de 1978 a été le point de départ de la recherche d'une solution politique au dilemme de la communauté anglophone du Québec. La première élection partielle qui eut lieu après l'arrivée au pouvoir de René Lévesque et du Parti Québécois, dans la circonscription de Notre-Dame-de-Grâce (NDG), fut, en quelque sorte, le premier test politique de Ryan et, en même temps, le mien du fait que j'avais été choisi pour devenir candidat officiel du Parti libéral.

Un seul sujet au programme. En effet, quelques mois plus tôt, le gouvernement avait adopté la Charte de la langue française, la loi la plus complète jamais sanctionnée à ce jour en régime démocratique visant à promouvoir l'usage d'une langue tout en limitant celui d'une autre. La loi 101 découlait d'une intention bien arrêtée de faire du français « la langue de l'État et de la Loi aussi bien que la langue normale et habituelle du travail, de l'enseignement, des communications, du commerce et des affaires[4] ». Dans ce but, elle restreignait implacablement l'accès à l'école anglaise, interdisait l'usage de l'anglais dans l'affichage public et limitait son emploi sur le lieu de travail.

À l'époque, les électeurs de NDG, majoritairement anglophones, perçurent la loi 101 comme une déclaration de guerre. En fait, la loi reconnaissait la présence d'anglophones au Québec, mais allait-elle permettre à leur communauté de conserver son identité, de vivre, de travailler et de s'épanouir en anglais ? La réponse explicite, à la fois par le ton et par la substance même de la loi, fut *Non, pas question !* Cette loi a été la véritable pierre angulaire de l'État-nation du Québec, ce qui a servi de base à sa construction.

La question posa un véritable problème d'ordre pratique pour le candidat libéral de NDG. En réaction à la loi 101, un nouveau parti, Freedom of Choice, avait vu le jour, qui refusait toute législation linguistique. Dans un comté majoritairement anglophone, un tel programme ne pouvait que plaire aux électeurs. Le Parti libéral devait élaborer sa propre politique linguistique, et rapidement, s'il voulait gagner l'élection partielle.

Les électeurs de NDG n'étaient certainement pas les seuls intéressés à écouter le message du nouveau chef libéral sur le problème de la langue. Durant près d'une décennie, tous les Québécois avaient suivi les efforts « torturés » du Parti libéral pour arriver à concilier les passions nationalistes du Québec avec les principes d'une démocratie libérale. L'impossibilité de concilier ces deux objectifs avait même coûté son poste de premier ministre à Robert Bourassa et les membres du Parti restaient divisés sur la question. On a accusé Bourassa de n'avoir aucun principe. Pour sa part, Ryan en avait beaucoup et il s'est engagé à régler la question une fois pour toutes.

Ryan me demanda d'élaborer une nouvelle politique sur la place de l'anglais au Québec à partir d'un document préparé à l'occasion de sa propre campagne à la direction du Parti libéral quelques mois auparavant[5] et des idées formulées par les leaders de la communauté anglophone. Ce programme pourrait nous servir lors de l'élection partielle.

À la lecture du document de Ryan, j'en vins à croire que Louis Bernard avait eu tort et que, après tout, il pouvait y avoir une place pour les anglophones au Québec. Ryan ne parlait pas de communauté bilingue, mais il allait fortement dans cette direction. Il soulignait le droit des Anglais « à une reconnaissance franche et légalement explicite ». Il définissait la communauté anglaise au sens large en y incluant quiconque avait reçu une éducation en anglais « quel que soit son lieu de naissance ». Il promettait également d'autoriser l'affichage en anglais, d'élargir l'accès à l'éducation en anglais et de fournir tous les services provinciaux et municipaux requis en anglais, sur demande, y compris les soins médicaux et les services sociaux. Il suffit de quelques coups de téléphone entre nous avant d'envoyer chez l'imprimeur la nouvelle politique linguistique du Parti libéral[6]. Ce document fut largement distribué durant l'élection partielle dans NDG et, quelques mois plus tard, pour celle de Ryan lui-même à titre de candidat libéral.

Ce document permettait à la communauté anglophone du Québec de déterminer exactement les conditions nécessaires pour que la province puisse se mesurer à l'Ontario, à l'Alberta et aux États-Unis comme lieu de résidence propice à l'épanouissement des anglophones. Le Parti libéral s'engageait à mettre en place ces conditions s'il se faisait élire. Ces mêmes conditions (à part quelques modifications mineures) faisaient toujours partie du programme libéral lorsque le Parti prit le pouvoir, sept ans plus tard, et qu'il put enfin leur donner forme[7].

CHAPITRE V

Une communauté anglaise compétitive

Les nouvelles politiques promises constituaient un compromis qui s'inspirait de certains changements importants dans la mentalité des anglophones du Québec. En 1975, nous étions les oppresseurs ; deux ans plus tard, nous étions devenus les opprimés. Nulle part ailleurs dans le monde, une communauté anglophone n'a été forcée d'établir des conditions dans le seul but d'assurer sa survie en tant que groupe minoritaire indigène. Notre problème s'est compliqué du fait de l'existence de régions adjacentes où la population anglophone pouvait vivre sans avoir à se soucier de sa langue. Et la loi 101 avait été modelée par un adversaire détenant la vérité absolue.

La communauté anglophone avait besoin d'un espace qui lui permettrait de vivre en anglais de la façon dont ses membres le souhaiteraient. Certaines limites pouvaient se concevoir en raison d'autres avantages de la vie au Québec, dont la participation à une communauté unique où deux langues et deux cultures pouvaient coexister en parfaite harmonie. Toutefois, les gens devaient être autorisés à y vivre en anglais comme bon leur semblait, sinon c'était inévitable qu'ils partent. Après de nombreuses consultations, il en ressortit une courte liste de conditions essentielles.

Jetons un coup d'œil sur ces conditions promises et sur ce qu'il en est advenu.

Définition de la communauté

Croyez-le ou non, le premier problème qui se pose est un problème de définition. Qui est exactement un Québécois anglophone ? Pour la plupart des observateurs à l'extérieur de la province, la réponse serait simple : toute personne qui s'exprime en anglais au Québec. Et l'on peut raisonnablement s'attendre à ce que les gens soient laissés libres d'en décider par eux-mêmes.

Malheureusement, ce n'est pas aussi facile. S'il faut établir des lois qui autorisent l'usage de l'anglais, tout en imposant certaines limites, il faut savoir à qui ces lois s'appliqueront. C'est pourquoi certaines définitions furent élaborées de manière à délimiter très rigoureusement la communauté.

Le recensement du Canada, exempt de toute idéologie, utilise quatre définitions pour mesurer la dimension du groupe anglophone du Québec. De ces définitions découlent différentes réponses à la question : «Combien d'anglophones résident au Québec ?» (Les chiffres qui suivent sont tirés du recensement de 1996[1].)

Les anglophones du Québec

Nombre de Québécois qui disent ne parler que l'anglais	358 505
Nombre de Québécois de langue maternelle anglaise (la première langue apprise et encore comprise)	586 435
Nombre de Québécois dont la langue « parlée à la maison » est l'anglais (la langue la plus fréquemment utilisée à la maison)	710 970
Nombre de Québécois qui disent avoir une connaissance de l'anglais	3 195 725
Population totale du Québec	7 045 085

Le premier principe adopté par le gouvernement du Québec fut de considérer que seules les personnes dont la langue maternelle est l'anglais pouvaient appartenir à la communauté anglophone. Actuellement, on en compte 586 000, ce qui représente une diminution d'environ 215 000, soit de 27 p. 100, depuis la première élection du Parti Québécois, en 1976[2]. Cette année-là, les Anglais formaient 13 p. 100 de la population du Québec ; de nos jours, la proportion a baissé à 8 p. 100. C'est là la mesure de l'exode des Anglais qui coûta à la communauté quelques-uns de ses membres les plus dynamiques et les plus productifs.

La mise en œuvre du projet du gouvernement visant à réduire l'importance de la communauté anglophone au Québec s'amorça par une définition de l'anglophone, désigné comme étant une personne de langue maternelle anglaise plutôt que comme quelqu'un qui peut parler en anglais. Cette étape permit d'éliminer près de 1 600 000 personnes qui affirment avoir une connaissance de l'anglais, y compris les 125 000 qui l'utilisent dans leur vie quotidienne. Le processus gagna ensuite en subtilité avec une deuxième définition, brillamment élaborée, celle des « anglophones de souche[*] », expression qui correspond grosso modo à « Anglais qui habitent ici depuis longtemps », à ceux qui sont de vieille souche. Les personnes qui ont réussi ce test constituent maintenant les seuls membres de la communauté anglophone pour lesquels les deux partis politiques du Québec sont prêts à assumer quelque responsabilité.

Quant à savoir le nombre de générations d'ancêtres établis au Québec qu'il faut avoir pour pouvoir devenir membre de ce groupe, rien n'a été spécifié. Une chose reste claire pourtant : si vous parlez anglais, mais que vous n'êtes pas né au Québec, vous n'êtes pas considéré comme un *anglophone de souche*, quelle que soit votre langue maternelle, et le gouvernement préférerait que vous viviez en

---

[*] En français dans le texte original.

français. Cette restriction s'applique également aux enfants d'*anglophones de souche* qui sont nés dans les années 1980 et 1990. La notion exclut aussi les personnes de langue anglaise arrivées récemment au Québec et tous ceux qui sont susceptibles d'y venir. Étant donné la mobilité des anglophones au Canada, cette définition élimine peut-être un tiers des anglophones qui résident au Québec actuellement. Les deux partis politiques se réfèrent constamment à la notion d'*anglophone de souche* pour déterminer qui devrait avoir le droit d'être Anglais au Québec. « Si vous n'avez pas de racines, vous n'avez pas de droits », tel est le sentiment dominant envers ceux qui veulent vivre en anglais dans la province.

Définir une communauté selon ces critères est une façon polie de la faire disparaître avec le temps. C'est un groupe dont on peut se détacher, mais dans lequel aucun nouveau membre ne sera admis. Actuellement, il y a peut-être 400 000 personnes au Québec qui peuvent prétendre à la qualité d'*anglophones de souche*[3]. Elles sont nées dans la province en étant de langue anglaise et il est question de leur permettre de mourir dans la même langue. Cependant, les deux partis politiques soutiennent que tous les nouveaux arrivants, de même que les jeunes Québécois anglais, ont le devoir civique de s'intégrer au milieu francophone. Il est clair que l'acceptation de cette définition exerce une pression certaine sur la masse critique de la communauté, pression qui aura comme effet d'entraîner l'éventuelle disparition des institutions anglaises.

On peut trouver deux applications précises de cette définition restreinte dans la législation sur l'éducation et sur l'immigration.

ÉDUCATION

L'accès à l'école anglaise est étroitement contrôlé au Québec. Ainsi, les francophones n'y sont pas admis. En gros, seuls les enfants des citoyens canadiens ayant eux-mêmes fait leurs études primaires en anglais au Canada auront le droit de fréquenter une école anglaise.

Les libéraux avaient promis d'ouvrir les écoles anglaises à tous les enfants de langue anglaise, « quel que soit leur lieu de naissance[4]» et vraisemblablement quelle que soit la citoyenneté de leurs parents. Mais lorsqu'ils arrivèrent au pouvoir, ils refusèrent de tenir cette promesse. Il fut décidé que tous les parents qui avaient reçu une éducation en anglais à l'extérieur du Canada, comme aux États-Unis ou en Grande-Bretagne par exemple, devaient envoyer leurs enfants dans les écoles françaises. La politique du Parti Québécois, encore plus restrictive, stipulait que vous ne pouviez fréquenter l'école anglaise à moins que vos parents n'aient reçu une instruction en anglais, au Québec. Cette politique n'a pas été implantée pour la simple raison que la Constitution canadienne l'en empêchait.

On peut facilement imaginer les conséquences de ces restrictions. Depuis 1978, la population des écoles anglaises a décliné de 60 p. 100, passant de 250 000 à 100 000[5]. Il existe maintenant plus d'écoles françaises en Ontario que d'écoles anglaises au Québec[6].

IMMIGRATION

Selon la politique du Parti libéral et du Parti Québécois, tous les immigrants qui arrivent dans la province ne viennent pas au Canada, mais au Québec. Même ceux dont la première langue est l'anglais doivent s'intégrer à la communauté francophone. Dans le processus de sélection des immigrants, on accorde 15 points au candidat qui possède une certaine connaissance du français et 2 points pour la connaissance de l'anglais[7]. Dès leur arrivée, tous les immigrants reçus sont encouragés à participer à un programme très efficace conçu pour favoriser leur adhésion à un « contrat moral avec la société d'accueil ». La société qu'on leur décrit n'est pas le Canada, c'est le Québec. Par ailleurs, rien n'est fait, au chapitre des quotas d'immigration, pour enrichir la communauté anglaise et encourager son expansion. Au Québec, toute personne dont la première langue n'est ni le français ni l'anglais, par exemple les Chinois et les Italiens, a le devoir de s'assimiler à la population francophone.

Comme on peut l'imaginer, cette politique n'a pas contribué à faire du Québec une terre d'accueil populaire aux yeux des immigrants. Seulement 12 p. 100 de tous les immigrants du Canada choisissent de s'établir dans cette province[8]. Elle a cependant assuré l'intégration des immigrants à la communauté française.

L'anglais dans la fonction publique

Un facteur décisif dans le maintien d'une communauté anglophone forte au Québec est sa représentation dans la fonction publique. Pour que les Québécois anglais sentent qu'ils font partie de la société québécoise, il est essentiel qu'ils puissent être représentés dans leur propre fonction publique. Qui plus est, sur le plan pratique, le financement et l'administration des écoles et des hôpitaux de la province se trouvent maintenant assurés par le gouvernement provincial. Si les Québécois anglais veulent conserver la capacité de gérer leurs propres institutions, une bonne partie de cette gestion devra se faire au sein de la fonction publique.

C'est pourquoi Robert Bourassa et le Parti libéral furent élus en 1985, après avoir fait la promesse claire « d'augmenter la représentation des anglophones dans le secteur public et parapublic au point d'atteindre un niveau de représentation qui reflète l'importance numérique de ce groupe[9] ». À l'époque, cela aurait signifié une présence québécoise anglaise d'environ 10 p. 100. Cet objectif aurait pu être atteint s'il y avait eu une réelle volonté politique. Nous avions un excellent modèle à suivre à Ottawa.

Face à un déséquilibre similaire, en 1968, Pierre Trudeau avait entrepris d'accroître la représentation des francophones dans la fonction publique. Il a créé une commission permanente chargée de s'occuper de ce problème, a fixé des objectifs et des délais précis et a offert des cours de français. Les fonctionnaires bilingues ont reçu des primes et ont eu leur nom au tableau d'avancement. Plusieurs postes importants ont été réservés aux personnes bilingues. Grâce à ces mesures, plus de la moitié des fonctionnaires fédéraux, même ceux qui occupent des postes élevés, peuvent maintenant travailler en français.

Au cours de ses neuf ans de règne, de 1985 à 1994, le Parti libéral ne prit aucune mesure en vue de respecter son engagement. C'est pourquoi il n'y a pratiquement aucun anglophone parmi les fonctionnaires du Québec. En 1997, le nombre officiel était de 411 sur 51 000, soit 0,8 p. 100 du total des fonctionnaires[10]. À peu près aucun anglophone ne figure dans la liste des milliers de nominations par décret aux innombrables sociétés d'État, aux conseils et aux commissions du gouvernement. Le gouvernement du Québec compte 150 ministres et sous-ministres. Seuls deux d'entre eux sont anglophones[11].

La communauté anglophone considère le gouvernement du Québec comme « leur » gouvernement et non comme « son » gouvernement. Toute cette situation est la conséquence directe de la politique des libéraux et du Parti Québécois qui est appuyée par la très grande majorité de la population francophone.

La place des anglophones dans le réseau de la santé et des services sociaux

Tandis qu'on s'employait à fixer les conditions minimales pour qu'existe une communauté anglophone compétitive, il fut vite convenu que la présence d'institutions anglaises destinées aux malades, aux personnes âgées et aux pauvres était essentielle. Il y a vingt-cinq ans, les anglophones géraient un réseau impressionnant d'institutions mises sur pied, au fil des années, par sa communauté. Celles-ci comprenaient notamment des grands hôpitaux comme le Royal Victoria et le Jewish General Hospital, des centres médicaux régionaux dans les villes de Québec et de Sherbrooke, des services d'aide à l'enfance, des résidences pour les personnes âgées et handicapées ainsi que des services de soins à domicile.

L'adoption des lois sur la langue, en 1977, bouleversa cette structure, et toutes les institutions anglaises furent ramenées à une seule direction, bien sûr francophone. On leur intima l'ordre de franciser leurs dénominations et de communiquer en français avec les fonctionnaires du gouvernement et avec quiconque en ferait la demande, de constituer leurs dossiers en français, de permettre à tous les employés de travailler en français et, sauf dans les municipalités où la population anglophone représente plus de 50 p. 100 de la population totale, d'afficher seulement en français. Autrement dit, on assistait à la disparition des institutions anglaises comme telles dans le système de la santé et des services sociaux, financé à même les fonds publics, remplacé par un régime qui permettait à un nombre restreint de ces institutions de fournir des services en anglais, sur demande.

Le Parti libéral promit de changer ce régime. Non seulement il jugeait que la communauté anglophone devait reprendre la direction de ses hôpitaux et de ses centres de services sociaux, mais il donna sa parole « qu'un gouvernement libéral garantirait à la communauté anglophone le droit de décider de l'orientation et de l'administration de ses institutions en matière d'éducation, de santé, de culture et de services sociaux[12] ».

Le lendemain de leur élection, les libéraux avaient déjà oublié ces promesses, et les institutions de santé anglaises ne furent jamais restituées à la communauté anglophone. Au cours des neuf années de règne du Parti libéral, leur seul geste à cet égard fut l'adoption d'une loi obligeant un certain nombre d'institutions à fournir des services spécifiques en anglais. Cette loi n'a cependant jamais été pleinement mise en application, car les employés des centres concernés s'y opposent, sous prétexte qu'on ne peut les forcer à parler anglais au travail.

Actuellement, 70 des 553 institutions de santé et de services sociaux du Québec sont désignées comme bilingues[13]. Pas un seul de ces centres n'est désigné comme anglais, pas plus que la communauté anglophone n'a le droit « d'orienter et d'administrer ses institutions » dans sa langue.

La face visible du Québec

La disposition de la loi linguistique du Québec la plus connue, tant au Canada que dans le reste du monde, est certainement celle qui rend obligatoire le français et, à part quelques exceptions, seulement le français, dans l'affichage commercial, intérieur comme extérieur, en grandes lettres ou en petites, éclairé ou non. Même la signalisation routière tombe sous le coup de cette loi, au grand désarroi des visiteurs qui se retrouvent en sens inverse sur une autoroute.

Cet aspect de la loi, de même que son application bizarre dans des cas particuliers, a constitué une véritable mine d'or pour tous les comiques de l'Amérique du Nord. À l'intérieur du Québec, toutefois, les anglophones s'y sont opposés férocement, le voyant comme une insulte et une violation de leurs droits individuels.

J'ai déjà décrit les débats qui ont entouré cette question dans un ouvrage antérieur[14]. En ce qui nous concerne, il faut simplement noter que les deux partis politiques et la grande majorité des membres de la communauté francophone considèrent cette législation comme un bienfait. C'est sous la pression de l'opinion publique qu'à son arrivée au pouvoir le Parti libéral mit aux oubliettes sa promesse d'exiger un affichage bilingue. Lorsque la décision de la Cour suprême l'obligea à le faire, en 1988, il s'y refusa dans l'intérêt de la « paix sociale ».

Deux ans plus tard, le gouvernement libéral adoptait une modification mineure à la loi, laquelle autorisait l'utilisation d'un certain nombre de mots anglais sur les enseignes, à certaines conditions. Cependant, chaque fois que les membres de la communauté anglophone demandaient aux commerçants d'appliquer cette nouvelle disposition, ils se faisaient traiter de radicaux et accuser de menacer cette même « paix sociale ». Pour sa part, le Parti libéral accusa les anglophones d'agir en personnes « irresponsables ». De son côté, le porte-parole du Parti Québécois déclara que si les Anglais exigeaient que l'on respecte la loi, le gouvernement la modifierait.

Résultat, les enseignes sont toujours libellées en français uniquement (84 p. 100 à Montréal en 1997[15]), comme le veut la population francophone. En 1996, les policiers de la langue traitèrent en moyenne 15 plaintes par jour relativement à l'affichage en anglais dans les commerces. Actuellement, le Parti libéral déclare que la loi sur l'affichage a « permis d'atteindre un équilibre en matière de paix linguistique qui ne devrait pas être rompu[16] ». Le Parti Québécois ne le romprait que pour restreindre davantage l'usage de l'anglais[17].

L'anglais sur le lieu de travail

Ce n'est que lorsque vous cherchez du travail au Québec que vous commencez à comprendre qu'un francophone n'est pas juste une personne qui sait parler français.

L'objectif officiel de la législation linguistique du Québec est de faire du français la « langue normale et habituelle du travail[18] ». Elle stipule que « les travailleurs ont le droit d'exercer leurs activités en français[19] » et empêche un employeur de faire de la connaissance de l'anglais une condition d'embauche, à moins que l'anglais soit un critère essentiel pour effectuer la tâche. De plus, la loi exige que toutes les corporations professionnelles travaillent seulement en français et que tous les membres d'un groupe professionnel aient une connaissance du français. Un médecin ou une infirmière qui ne parlent qu'anglais ne peuvent pas exercer leur profession ou être employés dans cette province, même s'ils cherchent à servir uniquement une clientèle anglaise. Toute société qui emploie plus de 50 employés doit utiliser des logiciels en français et demander une autorisation spéciale à l'Office de la langue française pour pouvoir se servir de logiciels dans une autre langue[20].

Ces lois parlent de langue de travail, mais, dès le départ, tout le monde savait qu'il était question d'un « peuple ». Le groupe d'employeurs le plus important de la province, le Conseil du patronat, l'a clairement stipulé dans son mémoire sur la loi 101 : « Le CPQ est d'accord avec l'idée générale d'une action concertée entre l'État, les entreprises et les citoyens en vue de *promouvoir l'usage du français* au Québec et de parvenir à en faire la langue principale dans les activités économiques et culturelles. [...] Mais le but concret que poursuit le CPQ, à travers la promotion du français, c'est d'abord et avant tout *la promotion des "francophones"*. Ce sont les intérêts concrets des citoyens du Québec – dont la majorité sont des francophones –, c'est leur bien-être et leur progrès que le CPQ veut défendre[21]. » (Mes italiques.)

Notons au passage que le CPQ est un groupe fédéraliste et que la plupart de ses membres appuient le Parti libéral.

Cette politique prônée par le Conseil est devenue une pratique généralisée. Les firmes de services professionnels, comme celles des avocats et des comptables, en arrivèrent à la conclusion qu'il ne leur suffisait pas de communiquer en français, mais qu'il fallait ajouter un nom à consonance française à leur raison sociale. Lorsqu'elles procèdent aux mises en nomination, toutes les grandes sociétés de la province continuent de faire une distinction entre maîtriser le français et « être francophone ». On prétend souvent que l'incertitude politique a un effet négatif sur l'économie du Québec, alors qu'elle a eu un effet très positif sur la part de l'économie qui revient aux francophones. En réalité, il s'agit d'une forme de protection économique beaucoup plus puissante que ne l'aurait imaginé Ottawa pour nos agriculteurs et nos éditeurs de magazines.

Le Québec n'est pas le seul et unique endroit au monde où la race, la couleur et le nom de l'école fréquentée risquent de compromettre les chances d'emploi. L'originalité de la contribution québécoise à ce genre de discrimination vient de l'encouragement tacite de ces pratiques par le gouvernement, ce dont témoignent les objectifs et la rhétorique de sa législation linguistique.

Le Québec aurait-il été doté d'une économie fermée, que les vingt dernières années d'intervention de l'État, renforcée par les pressions exercées sur les entreprises pour qu'elles emploient des francophones, auraient suffi à éliminer les anglophones du marché du travail de la province. Cependant, sans le savoir, les Anglais des autres provinces du Canada et des États-Unis sont venus à leur rescousse, en refusant de conduire leurs affaires en français avec les sociétés québécoises. L'acheteur au service d'un grand magasin de Toronto qui passe une commande de mobilier fabriqué au Québec, tout comme un producteur de films d'Hollywood qui se sert d'un logiciel de conception québécoise, ne se sent absolument pas concerné par les sensibilités québécoises sur la question de la langue ; il veut parler à quelqu'un en anglais. Il en est de même pour les touristes.

Par conséquent, on entend beaucoup parler anglais, à Montréal du moins, mais ce n'est absolument pas à la suite d'un quelconque accord entre les anglophones et les francophones. L'opinion répandue dans la population francophone du Québec veut que toutes les personnes qui résident au Québec devraient travailler en français et n'avoir recours à l'anglais que si quelqu'un de l'extérieur le demande, et qu'on devrait donner la préférence aux francophones au chapitre de l'emploi.

Un fait accompli

Je viens de décrire l'affaiblissement systématique d'une communauté linguistique minoritaire par le biais d'une législation que, dans son propre intérêt, une communauté majoritaire favorise. Les dirigeants de la communauté anglophone déployèrent beaucoup d'efforts afin de trouver un compromis. Ils arrivèrent à un accord qui ne fut pas respecté. La législation et la vie courante ne firent que réduire davantage le droit d'appartenir à la communauté anglophone. Elle reste sans représentation au sein de la fonction publique du Québec. Certains engagements furent pris par le Parti libéral du Québec en vue d'élargir l'accès à l'école anglaise, de permettre aux anglophones de gérer leurs propres institutions de santé et de les laisser afficher dans leur propre langue, mais ces promesses n'ont jamais été tenues.

Les leaders de la communauté anglophone qui mirent leurs espoirs dans ce compromis, durant les années 1970, ont maintenant pris le large et fui cette bagarre éprouvante, complètement épuisés ou dégoûtés. Certains d'entre eux se virent même discrédités pour leur naïveté par leur propre communauté. En 1988, trois des meilleurs furent perdus en un seul jour – Rick French, Clifford Lincoln et Herb Marx qui démissionnèrent de leur poste de ministre à la suite d'une affaire de principe par rapport à la loi sur l'affichage.

Toute la population francophone du Québec a suivi ce processus pendant vingt ans, l'a approuvé ou s'est tue. Si l'on peut se permettre de comparer, les efforts de Pierre Trudeau pour accroître l'usage du français à Ottawa et dans le reste du pays ne furent possibles que grâce au soutien important des anglophones du Canada. Au Québec, aucun francophone occupant une position en vue dans les milieux des affaires, de l'éducation, de la culture ou des services sociaux n'osa critiquer la législation linguistique ou même être associé à la cause des anglophones. Le pont était construit, mais personne ne se trouvait de l'autre côté.

Les Québécois francophones qui se disent fédéralistes demandèrent à maintes reprises aux anglophones de ne pas insister pour que les promesses soient tenues, parce que cela aidait la cause des séparatistes ou « menaçait la paix sociale ». Il faut bien comprendre le sens de cette expression qui n'a rien à voir avec le mot « paix » et tout à faire avec la politique. L'argument à l'appui est le suivant : nous avons fait cette promesse, mais nous, les libéraux, sommes déjà considérés comme le parti de l'establishment anglais. Si nous procédons aux changements maintenant, il ne pourra en résulter qu'un déséquilibre social qui risque d'inciter encore plus de Québécois indécis à voter pour le Parti Québécois. Voulez-vous un autre référendum ? Depuis l'élection du Parti libéral en 1985, on ressasse cette rengaine aux Congrès du parti, aux caucus et dans la presse. C'est probablement vrai. Si les lois sur la langue devaient être modifiées afin de donner l'espace vital à la communauté anglophone du Québec, il est probable que la majorité de la population voterait pour l'indépendance. Elle ne voterait certainement pas pour le Parti libéral.

Le Parti libéral soutient que la politique linguistique a réussi à établir une « paix sociale ». Mais la paix se présente sous différentes formes. La première est le résultat d'un accord librement conclu, l'autre vient du silence qui s'impose lorsqu'il est difficile de résister à plus fort que soi. Actuellement, nous vivons la seconde forme. Les promesses des libéraux n'ont pas été tenues et il n'existe actuellement aucun leadership cohérent ou crédible dans la communauté anglophone qui puisse organiser une résistance. Résultat, même bien avant que le Québec obtienne de nouveaux pouvoirs constitutionnels visant à renforcer son identité francophone, la communauté anglophone de la province se trouve déjà au sein d'une structure limitative qui garantit son déclin continu.

Cependant, contrairement aux autres groupes minoritaires du monde, les anglophones ont des options. Ils ont la possibilité de se déplacer de quelques kilomètres à l'est, à l'ouest ou au sud et d'oublier tous ces tracas. C'est pourquoi le nombre et la force des anglophones du Québec diminuent lentement et que leurs institutions vitales se dégradent. Le climat politique est devenu tout simplement inacceptable pour les anglophones qui souhaitent bâtir leur avenir dans la province. L'exode continuel des Québécois anglais, surtout les jeunes, en est une preuve évidente.

Un grand nombre de Québécois anglophones réagissent amèrement face à la manière dont le débat linguistique a évolué. Je ne suis pas d'accord avec eux. Certes, le Parti libéral a fait maintes promesses qu'il n'a pas tenues, mais il est fréquent que les partis politiques, une fois au pouvoir, négligent les engagements solennels qu'ils ont pris. Le débat s'est déroulé ouvertement et tout le monde a eu la possibilité d'exprimer son point de vue. La loi 101 et ses modifications ont été adoptées tout à fait démocratiquement et, en général, à l'intérieur des limites des pouvoirs constitutionnels du Québec. Ce qui est arrivé, c'est que la majorité francophone du Québec a donné la priorité absolue à ses propres « aspirations », et une minorité aussi restreinte que celle des anglophones du Québec ne peut rien y faire.

Pourquoi rester amer d'être passé au second rang dans un débat politique ? Il faut plutôt chercher à comprendre ce qui s'est passé et utiliser cette leçon pour orienter nos actions futures.

CHAPITRE VI

Les deux peuples fondateurs

J'espère vous avoir convaincu que le comportement des Québécois sur le plan politique est quelque peu ethnocentrique. De toute manière, la plupart des Canadiens n'ont jamais vécu au Québec et n'ont nullement l'intention de le faire. Ils n'ont pas été victimes de l'assaut quotidien des articles émotifs de *La Gazette*, ils n'ont pas vécu l'agitation fébrile d'une campagne référendaire. Les Canadiens anglophones de la Nouvelle-Écosse ou de la Colombie-Britannique pourraient demander : « Pourquoi ne les laisse-t-on pas faire ce qu'ils veulent au Québec ? Pas nécessaire qu'ils se séparent. Nous n'aimerions pas vivre là-bas, mais ce qui se passe à Montréal ne nous touche pas, à Truro. »

Erreur. La politique du Québec a une forte incidence sur celle du reste du pays. La politique intérieure du gouvernement du Québec a un effet direct sur la nature même de son appartenance à la Confédération canadienne. L'interminable débat sur la question de savoir si cette province devrait ou non jouir d'un « statut particulier » au sein de la Confédération en est d'ailleurs un parfait exemple.

Un État-nation peut-il trouver la paix dans une constitution fédérale ? Les différentes tentatives faites pour résoudre les contradictions inhérentes à ce paradoxe ont fourni un emploi stable à des centaines d'avocats spécialisés en droit constitutionnel, de professeurs d'université et de journalistes depuis plus d'un siècle. Elles ont échoué, mais il existe encore de nos jours des personnes qui croient que c'est toujours possible. Je fais partie de ceux qui ont essayé.

En 1977, j'ai affronté le monstre, à Ottawa. La victoire du gouvernement séparatiste de René Lévesque à Québec incita alors le premier ministre Pierre Trudeau à créer une commission royale d'enquête pour gérer les conséquences de cet événement. Jean-Luc Pépin fut nommé coprésident de la Commission de l'unité canadienne (connue plus tard sous le nom de commission Pépin-Robarts) et c'est alors que ce joyeux et brillant soldat au service des bonnes causes me demanda de devenir son directeur général.

Le bureau du premier ministre avait conçu à l'origine le groupe de travail dans le but de coordonner les activités des innombrables groupes patriotiques qui ont fleuri de par le pays après la victoire des séparatistes en 1976. De nos jours, qui se souvient du National Survival Institute, de Décision-Canada, de Participation-Québec, d'Action-Positive, du Unity Train, des Westerners for Canadian Unity, de Destinée-Canada, du Comité pour un Canada indépendant et du Canada-Uni ? À l'époque, ces organisations naissaient au rythme de une par semaine et leur objectif était de *faire quelque chose*. La commission Pépin-Robarts avait été mise sur pied pour les aider à se trouver une vocation pratique, du moins était-ce ainsi que Pierre Trudeau voyait les choses.

Jean-Luc Pépin, pour sa part, avait une meilleure idée. Il voulait récrire la Constitution. Grâce à une série de manœuvres habiles qui justifieraient à elles seules un livre, et en dépit des fortes objections du premier ministre, il réussit à faire modifier le mandat de la commission pour arriver à ses fins.

J'agissais alors à titre de directeur général du projet et je peux vous assurer qu'il aurait été infiniment plus facile de diriger le Metropolitan Opera. Chacun aspirait à sauver le pays. Nous avions rassemblé une multitude de commissaires, d'employés et de conseillers, le tout prenant l'allure d'une galaxie d'étoiles filantes, et le désordre et la confusion qui régnaient dans le pays ne tardèrent pas à s'installer aussi dans nos murs. Malgré tout, grâce à un labeur inspiré, brillamment synthétisé par le directeur de la recherche, David Cameron, un rapport final vit le jour, lequel constitua la première réponse du Canada au mouvement séparatiste contemporain[1]. Certains la considèrent encore de nos jours comme la meilleure.

Le rapport couvrait de nombreux sujets. Mais l'objectif primordial était de persuader les Québécois de choisir le Canada.

La solution qui émergeait des travaux de la commission était fondée sur un thème récurrent dans l'histoire politique du Canada : le rapport Pépin-Robarts recommandait la reconnaissance explicite de la « dualité » de notre pays dans la Constitution. Cette idée de dualité ne date pas d'hier et elle a cours depuis huit générations. Comme elle est centrale dans la compréhension de notre problème existentiel, je ferai une brève parenthèse pour l'expliquer.

La question est de savoir si oui ou non le Canada se compose de « deux nations fondatrices ». Certains historiens affirment qu'Honoré Mercier a été le premier à utiliser cette expression à l'occasion de la campagne électorale du Québec en 1887[2], mais l'idée elle-même est bien plus ancienne et découle d'une simple hypothèse quant à la création du pays. Elle repose sur la supposition que le mot « Canada » est le nom d'un accord entre les anglophones et les francophones et que le pays ne peut donc exister sans la présence du Québec.

Il suffit de comparer les positions de ceux qui prennent la question au sérieux et de ceux qui s'en moquent pour bien comprendre la thèse des deux nations.

Ceux qui adhèrent à la théorie prétendent que la constitution à l'origine du Canada, l'Acte de l'Amérique du Nord britannique, est un pacte, un contrat entre deux nations égales. Par conséquent, toute modification qui serait apportée ne pourrait l'être sans l'accord des deux parties. Les peuples en question sont les Français de France,

représentés à l'époque de la Confédération par les dirigeants de la colonie autrefois connue sous le nom de Bas-
Canada, ainsi que les Anglais de Grande-Bretagne qui
vivaient surtout dans le Haut-Canada. Il est proposé que le
contrat qu'ils établirent à l'époque nous lie encore de nos
jours et que tous les droits et toutes les responsabilités inhérentes ont été hérités, d'une part, par le Québec et, d'autre
part, par le reste du Canada (ou peut-être Ottawa).

La théorie soutient, dans sa version la plus extrême,
que ce sont ces deux nations qui ont créé le gouvernement
du Canada et qu'elles continuent, par conséquent, à se
réserver en permanence le droit de déterminer ce que peut
ou non faire Ottawa.

À l'inverse, certains historiens respectables affirment
que la Confédération n'a rien à voir avec un pacte établi
entre deux nations et quasi rien à faire avec des problèmes
de langue. Ils insistent sur le fait que le projet de la Confédération impliquait à l'origine quatre provinces et non
deux : la Nouvelle-Écosse et le Nouveau-Brunswick aussi
bien que l'Ontario et le Québec faisaient partie du contrat
original. L'Île-du-Prince-Édouard et Terre-Neuve étaient
également parties aux négociations.

Qui plus est, ces historiens avancent que l'accord en
question n'était pas un contrat, mais une loi du Parlement
britannique qui avait été rédigée et adoptée à Londres. Or
cette loi ne fait nulle part allusion à deux nations fondatrices, voire à un statut particulier qui aurait été accordé à un
quelconque membre de la nouvelle fédération. La question
de l'autonomie du Québec avait été longuement discutée à
Québec à l'époque des débats sur la Confédération, notamment par Cartier, Langevin et Dorion[3]. Elle avait fait l'objet
d'un accord approuvé par la législature du Québec moyennant une délégation de pouvoirs qui répondait aux attentes
des provinces réunies dans le nouveau système fédéral.

L'Acte renferme un certain nombre de concessions
d'ordre linguistique, religieux et à des groupes d'intérêts. À

cet égard, il s'agit d'un document législatif comme un autre. Toutefois, si ce document avait été rédigé dans l'intention d'incarner les principes de l'égalité de deux nations fondatrices, il aurait dû l'exprimer de façon explicite, ce qui n'est pas le cas.

De ce point de vue, la fédération ne fut qu'un simple réaménagement administratif des colonies britanniques en Amérique du Nord, destiné à renforcer leur défense contre une éventuelle invasion des Américains et à solidifier leur base en vue de leur expansion vers l'ouest, tout en préservant les autonomies locales. Le pouvoir impérial, tout comme les habitants de la colonie, Français et Anglais, appuya avec conviction ces objectifs. Comme le disait George-Étienne Cartier, la Confédération était une « nécessité pour nos intérêts commerciaux, notre prospérité et notre défense efficace[4] ». Outre ces objectifs globaux, le texte législatif traite de façon détaillée des problèmes marginaux, de questions culturelles et linguistiques ainsi que d'un grand nombre d'autres préoccupations locales. « Lisez-le, clament les critiques, tout est écrit dans ces lignes. »

Bien qu'ils soient diamétralement opposés, ces deux points de vue ont l'avantage d'être clairs. Pourtant, très peu de Canadiens seraient prêts à adhérer sans réserve à l'un ou à l'autre. En général, les Québécois francophones se raccrochent à l'idée qu'il s'agit d'un pacte qui, convenons-en, n'a pas été écrit dans la Constitution, mais qu'on peut démontrer en se référant à certains événements et déclarations qui remontent aux années précédant la Confédération.

Les Québécois francophones ont l'impression d'avoir été défavorisés lorsque le pays a pris de l'expansion après la naissance de la Confédération. Cette expansion a permis au Canada d'élargir son territoire et de passer de quatre provinces à dix, dont neuf sont surtout anglophones. C'est un fait et rien n'y changera. C'est pourquoi les Québécois en sont venus malgré eux à la conclusion que malheureusement la mise en pratique de politiques sérieuses fondées sur la thèse des deux peuples fondateurs, d'un océan à l'autre, relève maintenant de l'impossible.

L'urgence d'une solution de remplacement ne date pas d'hier. Elle est née de la ferme croyance que le Québec est le « foyer* » de la nation française au Canada et que, si les francophones ne peuvent pas partager également l'espace canadien avec les Anglais, du moins pourront-ils rester leur propre maître au Québec. Forgée au fil de deux siècles de nationalisme, cette conception a eu, au cours des dernières années, diverses expressions : « autonomie » (Jean Lesage), « égalité ou indépendance » (Daniel Johnson, père) et « souveraineté culturelle » (Robert Bourassa). Plusieurs textes furent ébauchés de manière à refléter cette vision dans la Constitution, notamment la formule Fulton-Favreau, la charte de Victoria, l'accord du lac Meech et l'accord de Charlottetown, mais aucun n'a été jugé acceptable par toutes les parties concernées.

On prétend maintenant que le droit de la législature du Québec de décider de tout ce qui est nécessaire pour assurer la continuité du caractère français de ses habitants doit être maintenant formellement reconnu et accepté par le reste du Canada. Cela correspond à ce que les Québécois francophones d'allégeance fédéraliste désignent comme le concept de « statut particulier » qu'il reste à concrétiser par la reconnaissance du Québec en tant que société distincte (ou unique). Selon eux, pour dénouer une fois pour toutes la crise de l'unité, il suffit d'inclure cette expression qui souligne la nature distincte du Québec à un endroit bien choisi dans la Constitution.

On ne s'entend pas sur les implications d'une telle reconnaissance sur le plan pratique. Certains prétendent qu'un geste symbolique est suffisant, tandis que d'autres croient que cette modification doit donner pleine autorité

---

* En français dans le texte original.

au Québec quant au choix des pouvoirs qu'il souhaite exercer et de ceux qu'il veut laisser à Ottawa. Il existe également un certain nombre d'autres propositions intermédiaires.

La plupart des personnes opposées au statut particulier pour le Québec disent qu'après tout le Canada est une fédération et que les pouvoirs dont dispose déjà le Québec, en matière de langue et de culture, d'éducation, de sécurité sociale et d'affaires économiques, lui permettent d'exprimer sa nature distincte d'une façon convaincante. Cependant, toutes les propositions en faveur du statut particulier s'appuient sur une seule idée maîtresse : dans la poursuite de son destin, le Québec doit devenir encore plus profondément francophone, ce qui est impossible dans la structure actuelle de partage des pouvoirs.

Aux yeux des francophones du Québec qui ne sont pas séparatistes, la reconnaissance formelle du Québec en tant que société distincte constitue la condition minimale pour mettre fin au débat constitutionnel et pour vivre en harmonie au sein de la famille canadienne. À toutes les élections au Québec, chaque parti se fait un devoir d'inclure cette clause, ou même une proposition encore plus radicale, dans son programme électoral.

Cette solution paraît être un remède efficace au malaise qui persiste, mais c'est trop beau pour être vrai. Pour que la magie puisse opérer, il faut avant tout trouver les mots précis et les insérer dans la Constitution, de façon que les Québécois croient qu'ils obtiennent vraiment des pouvoirs spéciaux, tout en faisant croire au reste du Canada qu'il n'en est rien.

De nombreuses commissions se sont heurtées à ce problème depuis l'élection du Parti Québécois en 1976. La plupart ont cherché à résoudre l'énigme en proposant une formule délibérément vague, laissant à la Cour suprême le soin de décider du sens réel du « statut particulier » ou de la « société distincte ».

La propre solution de Pépin-Robarts est que l'on reconnaisse, dans le préambule à la Constitution, «l'association historique des Canadiens anglophones et francophones et la spécificité du Québec[5]». Pour ce qui est de la culture, cette déclaration se faisait plus spécifique du fait que le Québec «devrait avoir comme responsabilité et rôle essentiels de préserver et de renforcer le patrimoine français sur son propre territoire[6]». Cette déclaration d'intention serait soumise à la Cour, laquelle nous ferait savoir exactement ce qu'elle entend par «patrimoine français» au fil de ses interprétations.

Cette proposition ne pouvait qu'obtenir l'assentiment du Québec, mais qu'en penserait le reste du pays qui s'opposait à la reconnaissance spéciale d'une province?

La réponse était la simplicité même. La commission Pépin-Robarts proposa d'inclure une promesse dans la Constitution pour «reconnaître le statut distinctif de *toute province*[7]» (mes italiques) qui en ferait la demande.

Il ne s'agissait pas, disons-le gentiment, d'une traduction fidèle de la théorie des deux nations fondatrices. En rétrospective, cela paraît fantaisiste.

Toujours est-il que tout le rapport fut renié par le gouvernement Trudeau qui en était l'instigateur, sous prétexte qu'il représentait une mine d'or pour les séparatistes. Par contre, au Québec, il fut bien reçu par les fédéralistes qui y trouvèrent une option intéressante à proposer contre l'indépendance, à l'occasion du débat sur le référendum qui devait avoir lieu quelques mois plus tard.

À l'époque, Claude Ryan était le chef des forces fédéralistes au Québec. Il était en train de concocter son propre projet de réforme constitutionnelle, auquel j'ai eu l'occasion de participer puisque j'avais quitté la commission en juin 1978 et que j'étais devenu député libéral à l'Assemblée nationale du Québec.

Les réformes proposées par Ryan étaient claires. Elles proposaient d'«affirmer l'égalité foncière des deux peuples fondateurs qui ont donné et confèrent encore à ce pays sa place originale dans la famille des peuples. Il faut consacrer dans la loi fondamentale du pays la dualité foncière de celui-ci[8]». Pour valider cette affirmation, on proposa de donner au Québec des «garanties propres à faciliter la protection et l'affirmation de sa personnalité distincte[9]».

Vingt ans plus tard, les idées de Ryan n'ont pour ainsi dire pas changé et demeurent la politique du Parti libéral du Québec[10]. Sa proposition de reconnaître la dualité canadienne dans la Constitution représente la seule alternative à la séparation proposée sur la scène politique de la province. Ces options ne sont pas le fruit des élucubrations des commissions politiques des deux partis, mais représentent les seules à trouver appui dans l'électorat francophone. À toutes fins utiles, le système fédéral actuel ne trouve aucun appui dans l'opinion publique francophone.

Il existe donc un lien entre les efforts faits par le Québec en vue de remanier son propre espace politique dans le contexte de la culture et de la langue françaises et toute la vie politique de l'ensemble du pays. Devrait-elle rester parmi nous, il faudrait donner au berceau de la «nation fondatrice» française certains pouvoirs constitutionnels que les autres provinces n'ont pas, pour qu'elle puisse réaliser son «projet de société[*]». Quant aux autres Canadiens, qu'ils soient d'origine britannique, chinoise ou italienne, ils doivent accepter que cette langue et cette culture – et seulement celles-là – se voient accorder un «statut particulier» au sein de notre fédération.

Quels pouvoirs additionnels découleront de ce statut particulier? Nul ne peut le dire. Personne au Québec ne cherche à préciser exactement le sens de ce statut particulier et des nouveaux pouvoirs impliqués ni la façon dont ils seront mis en place. Il n'existe aucun consensus sur ce point au Québec, étant donné que trouver la réponse à cette

---

[*] En français dans le texte original.

question n'est d'aucun bénéfice pour les Québécois. Le bénéfice se trouve dans le processus de négociation lui-même, dans l'utilisation du concept de statut particulier pour étendre sans cesse les pouvoirs politiques du gouvernement du Québec sur ses citoyens et pour réduire ceux d'Ottawa. C'est la quadrature du cercle.

CHAPITRE VII

Le Québec : un État-nation

Nous avons vu que tous les gouvernements successifs du Québec, avec l'accord massif de la population francophone, se sont donné pour mission politique de renforcer et de faire rayonner la langue et la culture françaises, mission dont ils s'acquittent en limitant le développement d'autres langues et d'autres cultures, en particulier de l'anglais. Ils y parviennent très efficacement en se servant des pouvoirs qu'ils détiennent actuellement. Malgré tout, les Québécois sont presque unanimement convaincus qu'ils ne sont pas allés assez loin et qu'il faut encore modifier la Constitution canadienne pour réaliser leur projet.

Quelques Canadiens persistent encore à croire qu'il ne s'agit là que de l'opinion des séparatistes, que la plupart des Québécois ne prennent pas ces problèmes au sérieux et qu'ils ne souhaitent qu'une chose, « mener leur vie » comme ils l'entendent, comme tout le monde. Ce n'est absolument pas le cas. Ce sentiment se reflète d'ailleurs fidèlement dans les politiques des deux seuls partis susceptibles de remporter une élection. Un Québécois qui pense que la Constitution canadienne devrait rester telle quelle ou qui refuse de s'inquiéter de ses faiblesses ferait mieux de ne pas voter.

Il est intéressant de voir comment cette polarisation a vu le jour. En 1976, à la suite de l'élection qui a porté le Parti Québécois au pouvoir, trois autres partis occupaient des sièges à l'Assemblée nationale : le Parti libéral, l'Union nationale et le Crédit social. Cependant, la pression exercée sur tous les membres de l'Assemblée nationale afin qu'ils se déclarent pour ou contre le séparatisme a mis fin à cette représentation. Entre 1977 et 1980, chacun des membres des partis de l'Union nationale et du Crédit social opta soit pour le Parti libéral, soit pour le Parti Québécois et ces deux petits partis furent dissous.

On a bien tenté, au cours des vingt dernières années, de créer d'autres partis au Québec, mais de peur de diviser les votes sur la question de l'indépendance, tous n'eurent qu'un succès éphémère. Le Parti Québécois et le Parti libéral restent les deux seules options. Leurs réponses divergent légèrement sur la question nationale, mais ils s'accordent totalement sur toutes les autres questions d'intérêt public. Depuis 1980, le débat politique, tel qu'on le connaît dans le reste du Canada, aux États-Unis et en Europe, a cessé d'exister au Québec.

Ces deux partis ont une idéologie politique commune et gouvernent essentiellement de la même manière. Quel que soit le parti au pouvoir, la vie suit son cours. Leur entente sur la priorité à donner à l'affirmation des francophones n'est nuancée que par une divergence d'opinion à propos du fondement constitutionnel à partir duquel ce processus interminable doit être enclenché. Pour l'un, c'est l'indépendance assortie d'une association et pour l'autre, une nouvelle position privilégiée dans le cadre de l'actuelle Constitution canadienne.

L'idéologie des deux partis repose sur le nationalisme ethnique et linguistique. On connaît bien les vues du Parti Québécois. Quant au Parti libéral, il a pris lui aussi une position bien précise par rapport à cette question. Le document à la source de son idéologie politique fait appel au peuple québécois et lui demande de se donner une « nouvelle définition » et de la fonder sur un certain nombre de valeurs communes[1]. Au nombre de ces valeurs figurent « au premier rang » non pas les droits de l'Homme, la compassion ni même la liberté, mais « la langue française et le riche héritage culturel qui la compose[2] ».

Tout comme leurs adversaires, les libéraux affirment que le système fédéral actuel est inacceptable. Ils soutiennent que la seule porte de sortie susceptible de mener à l'établissement d'une relation harmonieuse avec le reste du Canada demeure la reconnaissance formelle des «revendications traditionnelles du Québec profond*». Ils promettent de maintenir la province au sein de la fédération canadienne, à condition de réduire considérablement le rôle du gouvernement fédéral et d'accorder des pouvoirs additionnels au Québec, pour renforcer ses «valeurs communes». À leur avis, «le système bancaire et monétaire, la politique étrangère, la défense du pays, le contrôle des frontières, les télécommunications et le transport interprovincial[3]» devraient seuls être du ressort du gouvernement canadien. C'est le plus loin que l'opinion publique actuelle peut permettre à un parti politique québécois d'aller dans sa conception du rôle du gouvernement central.

Pour ce qui est du statut particulier, le Parti libéral du Québec insiste sur le fait «qu'aussi longtemps que le Canada n'aura pas reconnu de façon plus explicite le caractère distinct du Québec, l'équilibre qu'il représente fera l'objet de débats non seulement entre les souverainistes mais aussi entre de nombreux fédéralistes québécois. La situation présente ne fera que générer des tensions et l'incertitude[4]».

La seule organisation francophone du Québec qui prétend que le système fédéral n'a pas besoin d'être réinventé est le mouvement Cité libre. Ses membres, quelques centaines seulement, publient une revue intéressante et se rencontrent tous les mois dans un restaurant chinois pour déplorer les tendances nationalistes de leurs confrères. Aux yeux des ardents séparatistes, ce sont des traîtres. Certains Québécois les jugent excentriques. Pas un seul politicien élu au Québec, qu'il soit du fédéral ou du provincial, n'endosse leur opinion.

---

* En français dans le texte original.

Dans une province aux mains d'un gouvernement séparatiste et où le système fédéral actuel n'est appuyé que par un seul mouvement, on peut se dire que les jeux sont faits. Pourtant, ce n'est pas si simple. Lorsqu'il s'agit de passer aux actes, la population montre une certaine ambivalence que l'on retrouve d'ailleurs dans les agissements ambigus de la classe politique. Lorsque les sondages font ressortir la présence d'un climat de conciliation, les séparatistes ne manquent pas de reparler avec émotion de leur projet d'association avec le Canada. À l'inverse, si la population s'irrite contre Ottawa, les libéraux adoptent une attitude plus rigide. Il ne faut donc pas s'étonner si chacun des partis s'attire la moitié des votes. Les deux partis alternent au pouvoir en fonction du degré de popularité de leur chef.

La situation est la même lorsqu'il s'agit de la représentation du Québec à Ottawa. Pour assurer le respect de leurs priorités, les électeurs québécois envoient au Parlement fédéral des séparatistes et des fédéralistes. Au moment où j'écris ces lignes, les fédéralistes comptent 30 sièges et les séparatistes, 45. Aux élections fédérales de 1997, le Bloc Québécois a remporté près de la moitié des votes francophones du Québec; les libéraux et les conservateurs se sont divisés presque à parts égales l'autre moitié. Les députés séparatistes se rendent à Ottawa à la seule fin de répéter qu'ils ne devraient pas se trouver là. C'est leur unique contribution à la vie publique de notre pays. Selon des analystes politiques du Québec, la population québécoise envoie un message à tout le reste du pays. C'est le moins qu'on puisse dire.

L'idée de préserver précieusement ces deux options est un sentiment réconfortant pour les Québécois, et rien n'indique que la situation va changer. Du point de vue du Québec, il n'y a aucune raison qu'elle change. La menace de séparation, toujours omniprésente mais jamais mise à exécution, a garanti à la province une attention de la part des décideurs politiques *canadiens*, qui lui a toujours été bénéfique. Au

Québec, les anglophones ont été presque totalement exclus de la vie publique. Cependant, Ottawa est bilingue, et Ottawa se concentre sur les intérêts du Québec. Toute décision politique émanant de la capitale nationale, qu'il s'agisse d'une nomination politique, d'une subvention ou d'une nouvelle loi, est soupesée à la lumière de son potentiel d'appui ou d'obstacle à la cause séparatiste du Québec. On a instauré un système de quotas informel qui génère, à l'intention de l'élite politique et financière du Québec, un grand nombre de postes intéressants à Ottawa et à Québec même, où se trouvent plusieurs institutions fédérales capables d'offrir des emplois et des contrats de services de tout genre. Dans le reste du pays, la réaction à cette situation est tout à fait prévisible et compréhensible.

Les Québécois francophones se rendent compte instinctivement que cette situation leur procure le meilleur des deux mondes. Ils n'ont aucune raison soit de voter pour un parti qui déclare que le Québec est une province *comme les autres*[*], soit de prôner la séparation, soit de mettre fin au mouvement séparatiste. Dans ce débat sur l'unité nationale, les idéalistes sont dans le reste du Canada. Les Québécois sont des pragmatiques.

On retrouve clairement ce genre de mentalité dans le milieu des affaires. Même si, au Québec, la plupart des chefs d'entreprises s'opposent à l'indépendance, ils réclament presque unanimement un statut particulier pour leur province. Marcel Côté, président d'un important cabinet de conseillers en gestion, est sans doute le membre de l'élite du monde des affaires du Québec le plus franc quant à son opposition à la séparation. C'est un ami personnel, et je sais combien il s'opposerait au fait d'être considéré comme un nationaliste. Cependant, dans son récent ouvrage, *Le Rêve de la terre promise*, dans lequel il fait une analyse précise des coûts qu'entraînerait la séparation, il avance que la seule

---

[*] En français dans le texte original.

option possible pour le Québec consiste dans « la reconnaissance de notre identité nationale, comme peuple, définie essentiellement par une langue, le français, et un territoire, le Québec. Collectivement, nous sommes maîtres de notre destinée politique et pouvons choisir les structures de pays que nous souhaitons. Notre voix politique s'exprime principalement et premièrement par le gouvernement du Québec[5] ». Cela vaut la peine de répéter ici qu'aucun grand chef d'entreprise du Québec ne peut se montrer plus fédéraliste que Marcel Côté.

Pas une seule personne parmi l'élite francophone, que ce soit les membres du conseil des plus grandes entreprises du Canada, la communauté universitaire ou les éditorialistes, n'a jamais accepté l'idée que le Québec devait mettre fin au débat sur l'unité en acceptant la Constitution canadienne dans son libellé actuel. Ils n'ont aucun intérêt à le faire et beaucoup à perdre. La chroniqueuse Lysiane Gagnon le résume en ces mots : « Il est socialement acceptable pour un Québécois francophone d'être un fédéraliste, mais il devra se justifier chaque fois qu'un ami ou que sa famille aborde le sujet [...]. Ce qu'il ne doit jamais dire 1) c'est que le *statu quo* est acceptable ; 2) qu'il aime le Canada[6]. »

Un récent ouvrage écrit par trois politologues reconnus présente un résumé intéressant de l'ambiguïté que les Québécois se plaisent à cultiver lorsqu'il s'agit de la question constitutionnelle. Dans *Un combat inachevé*, Maurice Pinard, Robert Bernier et Vincent Lemieux passent en revue de nombreux sondages réalisés depuis 1960 au Québec sur la question de la Constitution et sur l'attitude des Québécois à l'égard du Canada[7].

La complexité des questions posées par les responsables des sondages est particulièrement frappante. Les Québécois semblent former un peuple qui recherche sa destinée armé seulement d'un dictionnaire. On leur demande constamment s'ils sont en faveur de la « souveraineté », de l'« indépendance », de la « séparation », de la « souveraineté-association», d'un «statut particulier», d'un «fédéralisme renouvelé» ou du «*statu quo*». Aucune de ces expressions ne s'accompagne d'une définition précise – ce sont des cris de guerre politiques – et les personnes interrogées se sentent obligées de répondre en fonction de leur affection envers le dernier politicien qui a employé l'expression au journal télévisé.

Les sondages préparés pour des organismes ayant des objectifs différents fournissent des résultats totalement opposés. Par exemple, en avril 1998, un sondage réalisé pour le Conseil pour l'unité canadienne a révélé que 63 p. 100 de tous les Québécois croient que «le fédéralisme canadien peut satisfaire à la fois le Québec et le Canada[8]». Deux mois plus tard, un autre sondage, cette fois pour le compte du journal séparatiste *Le Devoir*, indiquait que seulement 37 p. 100 de tous les Québécois croient qu'il est possible de «réformer le fédéralisme canadien de manière à satisfaire à la fois le Québec et le reste du Canada[9]».

Le livre de Pinard, Bernier et Lemieux examine un grand nombre de sondages étalés sur de longues périodes, ce qui nous aide à comprendre les tendances sous-jacentes:

- Seulement quelque 10 p. 100 des électeurs francophones du Québec sont en faveur de la Constitution canadienne telle quelle.
- Environ 10 p. 100 de la population du Québec est en faveur d'une indépendance inconditionnelle, environ 30 p. 100 veut la «souveraineté»; quant au «Oui», le vote pourrait s'élever jusqu'à environ 50 p. 100, aussi longtemps que l'indépendance s'accompagne d'une promesse d'association économique avec le Canada.
- Environ 20 p. 100 de ceux qui sont en faveur de la souveraineté-association n'ont pas une idée précise de la signification exacte de la notion. Ils croient, par exemple, que le Québec restera toujours une province canadienne.

• Près de 25 p. 100 des personnes qui voteraient « Oui » le feraient pour des raisons stratégiques et pour accroître le pouvoir de négociation du Québec. (Par ailleurs, 30 p. 100 des francophones qui ont voté « Non » au référendum sur l'indépendance en 1995 se disent en faveur de la souveraineté-association[10]!)

Ces chiffres semblent se stabiliser avec le temps, même s'ils peuvent afficher temporairement une hausse ou une baisse en réaction aux initiatives politiques et aux catastrophes, de même qu'à la popularité personnelle des chefs de partis.

Au Québec, la démarche d'affirmation des francophones est présentée sous un jour favorable, mais elle a un aspect négatif, car elle se fonde sur une lutte pour l'acquisition d'un espace limité. Par conséquent, si le Québec veut atteindre ses objectifs linguistiques et ethniques, alors les Anglais, qu'ils soient établis au Québec ou ailleurs dans le pays, doivent faire figure d'ennemis. Il est essentiel de maintenir un climat de tension entre les deux groupes linguistiques. L'appel à la vigilance constante pour juguler l'invasion de l'anglais – leur force, notre faiblesse – fournit l'énergie nécessaire au nationalisme ethnique. L'anglais devient alors inévitablement à la fois une langue et un lieu. Si l'identité des Québécois se trouve dans leur langue, il faudrait donc, par définition, ne pas les inciter à acquérir une identité canadienne, car la langue qui y est associée est et restera l'anglais. En faisant du français sa raison d'être et de l'anglais l'ennemi, la population du Canada francophone est entrée en guerre contre ses propres concitoyens.

Le livre de Pinard, Bernier et Lemieux fait état des résultats de cette politique. Les auteurs rapportent que le pourcentage des Québécois francophones qui se désignent premièrement en tant que Canadiens est passé de 34 p. 100 en 1970 à 9 p. 100 en 1990[11]. Actuellement, un quart de la population du Québec déclare n'éprouver aucun attachement pour le Canada.

Il convient cependant de souligner que près de 60 p. 100 des francophones du Québec ressentent un certain attachement pour le pays en général, et Pinard consacre une bonne partie d'un chapitre à l'analyse de ce groupe particulier. Il en ressort qu'environ la moitié de ces personnes (29 p. 100 de la population francophone) restent attachées au Canada essentiellement pour des raisons économiques: «Uniquement parce que cela m'assure un niveau de vie élevé[12].»

En résumé, cela signifie que 70 p. 100 des Québécois francophones veulent soit briser tous les liens avec le Canada, soit y rester associés uniquement pour des raisons de sécurité financière. En fait, le débat sur le référendum de 1995 se basait sur ce principe. Ceux qui s'opposaient à l'indépendance, sous la conduite des libéraux, n'ont pas jugé bon d'expliquer les vertus de l'appartenance à la communauté canadienne. Ils se sont contentés de produire des douzaines d'études pour prouver que l'indépendance se solderait par un désastre économique. Ceux qui appuyaient l'indépendance ont également mis l'accent sur cet aspect en déclarant: «Ne craignez rien, nous vous garantissons une association économique avec le Canada comme celle que vous avez maintenant. Aucun emploi ne sera perdu.»

Ainsi en est-il du consensus politique francophone. Ce n'est pas vraiment une opinion, mais plutôt un instinct manifesté par deux partis politiques en route vers une même destination et qui proposent deux voies différentes pour s'y rendre.

Les chefs des deux partis du Québec soutiennent que si l'on accède à leurs demandes de réforme, que ce soit la souveraineté-association ou la société distincte, les relations entre le Québec et le Canada se stabiliseront une fois pour toutes. Certains Canadiens anglais le pensent aussi, mais selon une perspective un peu différente. Ils estiment que la population du Québec se laisse égarer par un groupe de fanatiques et que, si les fédéralistes reprenaient la situation en main, les Québécois les jetteraient dehors et redeviendraient de bons citoyens canadiens.

Il y a aussi des personnes qui croient aux contes de fées, et rien ni personne ne les fera changer d'avis. Mais l'idée même qu'une harmonie éternelle puisse régner entre le Québec et le reste du Canada par la simple magie d'une modification constitutionnelle s'envole au contact de l'histoire et de la réalité.

Le séparatisme n'est pas issu d'une simple idée isolée. Il prend tout son sens en tant qu'élément singulier, à l'orée d'un arc-en-ciel d'idées, d'objectifs concrets et de fantaisies qui viennent se fondre en douceur les uns dans les autres. Pour se débarrasser du séparatisme, il faudrait dissoudre entièrement l'arc-en-ciel, lequel a été la source de l'inspiration de la communauté francophone du Québec depuis deux siècles. Il faudrait trouver et élire un leader politique qui soit capable de retirer des mains de la Société Saint-Jean-Baptiste l'organisation de la fête nationale du Québec, d'inscrire de nouveau « La Belle Province » sur les plaques d'immatriculation et de se rendre à Ottawa pour ajouter la signature du Québec sur la Constitution canadienne. Au moment où j'écris ces lignes, personne n'a encore postulé pour cet emploi. Je crois que personne ne le fera jamais.

CHAPITRE VIII

Sur les liens moraux

Je pense que c'est le moment de demander au Québec de sortir de la fédération pour une seule raison : les valeurs politiques de cette province sont et demeureront fondamentalement incompatibles avec celles du reste du pays. Mais quelles sont exactement les valeurs politiques du reste du pays ? Ce livre a pour sujet le Canada, et il est temps d'examiner de près ce qui va nous rester une fois que le processus de la désinvestiture sera complété.

Qu'entend-on par le reste du Canada ?

Les Québécois savent qui ils sont. Pour eux, il ne fait aucun doute que leur province a une identité distincte et, ajoutent-ils avec une pointe de malice, que le reste du Canada n'en a aucune. Le premier ministre du Québec, Lucien Bouchard, a déclaré un jour qu'à son avis le reste du Canada n'était pas même un pays. Le « reste d'entre nous » ne l'a pas contredit. Depuis les cent dernières années, une question nous torture : *Qui sommes-nous ?*

La première chose est de décider comment nous allons nous appeler. Le Canada sans le Québec n'a pas de nom. Dans un de ses récents ouvrages, Philip Resnick[1] l'appelle « le Canada anglais », mais l'adjectif me paraît superflu. Il n'est pas possible de comprendre les neuf provinces et les territoires en faisant référence aux langues que parlent leurs habitants. La plupart vont certainement utiliser l'anglais, mais ce n'est pas là une caractéristique déterminante. Nous ne voudrions pas l'appeler non plus « le Canada démocratique » ou « le Canada froid » ! Ces réalités de la vie n'ont pas à figurer sur notre extrait de naissance. Le reste du Canada est tout simplement le Canada. Toutefois, pour indiquer qu'il ne s'agit pas du même pays que l'actuel, j'y ferai référence en italiques dans les pages qui suivent, en l'appelant le *Canada*.

À de rares exceptions près, les Québécois francophones ne devraient pas s'opposer à notre utilisation de cette appellation. Le débat existentiel qui s'est joué dans leur province au cours des deux dernières décennies s'est intitulé « le Québec *c*. le *Canada* ». Leur propre affinité avec notre pays se mesure maintenant surtout en fonction des avantages économiques qu'il offre. Même les Québécois fédéralistes se considèrent avant tout comme des Québécois. Ils semblent disposés à nous laisser utiliser cette marque de commerce mondialement respectée, par conséquent n'hésitons pas à nous en servir.

Notre pays, qui compte neuf (peut-être davantage un jour) provinces, sera toujours reconnu dans le monde entier comme le *Canada*, que ce soit par l'ONU, l'OTAN ou les Jeux olympiques. Nous aurons au moins 22 millions de concitoyens. Au chapitre du PNB, il sera toujours un des pays les plus importants du monde (à la douzième place, devant la Fédération russe), et son PNB par habitant le placera parmi les dix premiers[2].

Les statistiques sont facilement accessibles. Nous savons aussi où se trouvent les frontières nationales. Mais personne n'est encore venu proposer une définition heureuse de l'identité *canadienne*.

Ce n'est pourtant pas faute d'avoir essayé, ce qui est en soi un peu particulier. Dans les autres coins de la planète, les gens semblent savoir qui ils sont, et même qui sont les Canadiens. Mais, dans le pays même, nous avons fortement l'impression que quelque chose manque, que nous avons besoin d'un énoncé officiel de la mission *cana-dienne*, ou d'une description de tâches. Comment leur existence nous rendrait plus heureux ou plus riches n'est pas évident. Nombre d'ouvrages et d'articles ont été écrits pour tenter de combler cette lacune, mais l'incertitude persiste toujours. Comme beaucoup l'ont fait avant nous, nous allons donc nous mettre en quête d'une identité *canadienne*.

J'entends limiter ce projet de façon qu'il reste réalisable, et ne pas succomber à la tentation de confondre politique et vie. Être *Canadien* n'est qu'une des choses que nous faisons. Notre vrai bonheur se trouve dans des solidarités plus modestes. Nous sommes également des Terre-Neuviens, des méthodistes, des Torontois, des travailleurs, des Chinois de la première génération, des fous de l'informatique, des fanatiques de hockey, et j'en passe. Nous avons aussi des allégeances familiales. Mais par-dessus tout, nous sommes nous-mêmes : chacun d'entre nous incarne les espoirs et les craintes que nous devons affronter seuls, en tant qu'individus.

J'irais même jusqu'à déclarer que tous les *Canadiens* n'ont qu'une chose en commun : la Constitution. Le *Canada* n'est qu'un système politique. Et comme le dit si bien Michael Oakeshott : « La politique ne s'intéresse pas aux désirs et aux aspirations des gens, mais bien plutôt aux ententes et aux règles qui structurent la société. »

Le *Canada* représente une de ces associations d'êtres humains que seules les règles que leur impose leur lieu de résidence commun parviennent à réunir. Ces « règles » se trouvent dans la Constitution canadienne, c'est-à-dire dans nos deux ordres de gouvernement, dans le partage des pouvoirs entre eux, dans une Charte des droits et libertés et dans un système judiciaire. C'est dans ces institutions, dans leur évolution et dans les valeurs qui les sous-tendent que nous devons rechercher notre identité de *Canadiens*.

Pour la plupart des *Canadiens*, cette définition de notre pays n'est cependant pas suffisante. Nous soutenons que notre identité nationale signifie beaucoup plus que des mots écrits dans la Constitution. Nous voulons nous reconnaître dans une série de valeurs communes qui guident la conduite de nos chefs politiques. Nous sentons que nous partageons une sorte de lien moral avec les autres *Canadiens*. Pour ma part, je crois en effet qu'il en existe un, mais pour le découvrir il nous faut suivre un étroit sentier qui chemine entre deux idéologies politiques contemporaines à la fois puissantes et irréconciliables. Pour bien comprendre cette situation, aventurons-nous, dans les pages qui suivent, dans le monde de la théorie politique.

Une de ces idéologies, devenue une école de pensée très à la mode de nos jours, affirme que ce n'est pas le rôle de l'État de définir la moralité publique pour ses citoyens. Aux États-Unis, c'est un thème central qui revient dans les débats sur la politique publique. Il a pris de l'ampleur après la fin de la Guerre froide et la victoire de l'économie de marché sur les forces de la planification sociale et économique. Les personnes qui appuient cette idéologie estiment que le rôle du gouvernement se résume à donner à ses citoyens le plus de liberté possible pour qu'ils atteignent leurs objectifs personnels, un point c'est tout. On ne devrait définir aucune éthique d'unification ni en imposer une. C'est ce qu'elles appellent une « société de procédure[*] ».

De l'autre côté de notre sentier se trouvent un certain nombre d'idéologies selon lesquelles les gouvernements ont l'obligation de déterminer les critères d'une « vie heureuse[**] » valables pour tous et de gouverner conformément à cette vision.

Certaines de ces idéologies, par exemple la social-démocratie, peuvent être défendues, poursuivies, abandonnées

---

[*] En anglais, *procedural society*.
[**] En anglais, *good life*.

ou même réinventées dans le cadre d'une constitution libérale. L'une d'elles, cependant, à savoir le nationalisme, nécessite que l'État lui-même et sa Constitution soient structurés en fonction de la poursuite de ces buts collectifs. Le nationalisme suppose que l'État soit structuré en fonction des valeurs d'un groupe linguistique, ethnique ou religieux particulier, ce qui est une idée tout à fait d'actualité. On peut d'ailleurs en retrouver des exemples éloquents dans les Balkans et au Moyen-Orient et, à une échelle plus modeste, ici même dans la province de Québec.

Le *Canada* n'est ni une société de procédure ni un État-nation. L'attachement moral qui nous unit se situe entre ces deux extrêmes.

Nous ne sommes pas une société de procédure

On peut trouver une excellente description de la société de procédure dans le récent ouvrage de Michael J. Sandel intitulé *Democracy's Discontent*[3], dont un résumé à la portée de tous a paru dans *Atlantic Monthly* de mars 1996[4]. Sandel y fait remarquer que la société de procédure se fonde sur le principe selon lequel la politique ne devrait pas essayer de « légiférer la moralité ». Les tenants de cette thèse avancent que « ce n'est pas au gouvernement de soutenir quelque conception particulière d'une vie heureuse par l'entremise de sa politique ou de ses lois ; il devrait plutôt proposer une structure neutre composée de différents droits que les citoyens pourraient sélectionner selon leurs propres valeurs et leurs buts ».

Sandel, quant à lui, s'oppose à cette vision de la vie publique et prétend qu'elle contient le ferment de son propre déclin. Il fait remarquer qu'un État de procédure « ne saurait garantir la liberté promise, du fait qu'il ne peut insuffler le sens de la collectivité et de l'engagement civique inhérent à cette liberté ». Il pense qu'il n'y a aucun moyen d'assurer la liberté, à moins de se préoccuper du caractère des citoyens, et souligne que la liberté individuelle ne peut exister en dehors de la structure juridique d'une communauté. Les capitalistes, à titre d'exemple, en ont besoin pour définir et protéger la propriété privée. Les artistes en ont également besoin pour garantir leur liberté d'expression.

Sandel prétend que les libéraux aussi bien que les conservateurs se plaisent à invoquer les vertus d'un État « libéré des valeurs », mais uniquement quand cela leur convient, c'est-à-dire, pour les libéraux, lorsqu'ils se trouvent face à des lois qui rendent les prières à l'école obligatoires ou limitent les avortements; pour les conservateurs, lorsqu'ils se trouvent face à des problèmes de protection environnementale ou d'équité dans la redistribution de la richesse. On peut trouver un exemple surprenant de ce genre de contradictions dans les avis donnés récemment par le révérend Jesse Jackson à la Cour suprême des États-Unis: « Ignorer les races et les sexes est une attitude raciste et sexiste. »

Sandel croit que l'existence même d'un État implique une certaine unité entre les gens qui l'habitent, parce qu'ils ont un but commun, recherchent un bien-être commun, et, du seul fait qu'ils partagent ces règles internes, reconnaissent avoir une obligation morale envers leur communauté. Par conséquent, Sandel plaide en faveur d'une société « républicaine » dans laquelle tous les citoyens possèdent ou acquièrent avec le temps certaines vertus civiques. À ses yeux, « la conception républicaine de la liberté nécessite une certaine formation politique qui incite les citoyens à cultiver les qualités requises pour s'autogouverner ».

Sandel convient que quiconque tente de définir et d'enseigner les valeurs d'un État particulier devra s'attendre à affronter d'énormes problèmes. Étant donné la diversité accrue des gens regroupés à l'intérieur de frontières nationales, comment peut-on recueillir un consensus durable sur l'établissement d'un code moral valable pour tous? Cette tâche fut peut-être simple à l'époque du *polis* d'Aristote ou des colonies agricoles de Thomas Jefferson, mais, de nos jours, elle ne pourra qu'être l'objet de controverses spectaculaires.

À vrai dire, cette complexité rend encore plus nécessaire la définition du rôle du citoyen et de l'État. Compte tenu des difficultés de la vie moderne, ce ne sont pas seulement les faibles qui se tournent vers leur gouvernement. Nous ne sommes pas des individus déracinés ou atomisés, libérés de tous liens envers la société. Même les plus grands libertaires en viendront à se sentir dépassés s'ils sont contraints d'affronter le monde par la seule force de leurs propres ressources. La seule existence de l'État prouve qu'il a « une raison d'être ». Dans le cas d'un État moderne comme le *Canada*, dont l'influence sur la vie privée d'une variété de personnes largement dispersées va croissante, une telle réponse nécessite une justification morale que tous les membres de notre communauté doivent comprendre et accepter.

Nous ne sommes pas un État-nation

D'un autre côté, les liens moraux doivent être traités avec précaution. Il est difficile d'en trouver un qui soit accepté par tous. D'ailleurs, l'histoire se charge de nous rappeler de façon éloquente que, lorsqu'on détermine un « lien » de manière à n'en faire bénéficier qu'une partie de la communauté – la majorité ou parfois une minorité qui contrôle les forces de police –, toutes sortes d'abus peuvent être commis au nom de l'« affirmation nationale ».

Une idée se répand ces temps-ci selon laquelle la fin de la Guerre froide aurait suscité un sentiment d'insécurité chez certaines personnes, privées des étiquettes et de l'identité qui les rassuraient lorsqu'elles étaient obligées de vivre à l'Est ou à l'Ouest. La « mondialisation », un phénomène qui semble diminuer la capacité des gens à maîtriser leur propre destinée, est venue aggraver ce vide identitaire. C'est pourquoi nous retournons à nos racines et nous cherchons à nous rassurer en nous cachant derrière un nationalisme ethnique, en créant de nouveaux États qui reposent sur des origines raciales, religieuses ou linguistiques communes. Plus d'une douzaine d'ouvrages ont été consacrés à cette question récemment, dont le livre de Michael Ignatieff, *Blood and Belonging*[5]. L'auteur y parle d'États ethniques comme la Croatie et la Serbie, l'Allemagne, l'Ukraine, le Kurdistan, l'Irlande du Nord et le Québec.

Cette façon de voir le monde reflète-t-elle le profond changement de nos comportements ou est-elle simplement une mode universitaire passagère? Difficile à dire. Une chose est certaine cependant: bien avant la chute du mur de Berlin, le nationalisme représentait une force puissante dans l'ordre mondial. Je m'en suis rendu compte pour la première fois non pas en parcourant les corridors de l'Assemblée nationale du Québec, mais quelques années auparavant, à la London School of Economics and Political Science.

À l'occasion d'un séminaire hebdomadaire sur « The History of Political Tought », Michael Oakeshott, Elie Kedourie, Ken Minogue et Bill Letwin, qui ont tous écrit sur ce sujet, m'ont initié à l'histoire et au pouvoir du nationalisme. Tous avaient bien compris celui-ci et aucun ne l'aimait. Leurs analyses étaient formulées et fondées sur une grande érudition, en plus d'être articulées avec élégance. Leurs arguments m'apparurent sensés à l'époque, et, après avoir passé vingt ans à les mettre à l'épreuve des réalités de la vie politique au Québec et au *Canada*, je peux dire qu'ils le sont toujours.

Les mots « nation » et « nationalisme » ont eu plusieurs significations et ont fait l'objet d'une abondante littérature. En gros, une ligne de pensée commune s'en dégage: un État, un pays, devrait se composer de personnes de même race, ou de même croyance religieuse, ou de même langue, ou de même culture, plus d'un de ces traits étant commun de préférence. Selon Minogue, un État-nation doit se fonder sur un concept « d'unité prépolitique ». En ce sens, un pays qui se compose entièrement de juifs, ou de protestants anglo-saxons de race blanche, sera plus facile à gouverner qu'un pays regroupant plusieurs races, langues et religions, et ses habitants trouveront plus agréable d'y vivre. Le professeur Kedourie décrit le nationalisme comme « une doctrine qui affirme que l'humanité se divise naturellement en nations, que l'on reconnaît les nations à certaines caractéristiques qui peuvent être démontrées et que le seul type de gouvernement légitime est un gouvernement national autonome[6] ».

Le nationalisme est une invention relativement récente, une notion inconnue jusqu'au début du XVIIIe siècle. Ce fut le président américain Woodrow Wilson qui lui donna son élan, quelques mois après la Première Guerre mondiale, lorsque, cherchant à se débarrasser des ruines de l'Empire austro-hongrois, il inventa le terme « autodétermination » et en fit un principe directeur du droit international. Dans son livre *Pandaemonium : Ethnicity in International Politics*, le sénateur américain Daniel Moynihan a expliqué les conséquences de la déclaration de Wilson pour les populations de l'Europe, du Moyen-Orient et de l'Afrique. Elles ne sont pas particulièrement réjouissantes. Moynihan fait remarquer que « le monde n'a pas été long à découvrir que, souvent, les minorités sont en quête de leur propre autodétermination pour la refuser aux autres[7] ». Wilson n'a pas vécu assez longtemps pour affronter les conséquences de sa grande idée. En revanche, l'Amérique a passé les soixante-dix dernières années à essayer de décider lesquels des gouvernements de ce monde, nés de l'« autodétermination », devraient jouir de la reconnaissance diplomatique, à quel moment et pendant combien de temps.

Pour être juste envers les plus petites nations du monde, il serait bon de souligner ici que le chaos et les souffrances qui ont résulté de ce nationalisme ne se sont pas confinés aux Balkans et à l'Afrique subsaharienne. Les grands États-nations européens n'ont tiré aucune leçon de la Première Guerre mondiale. Vingt ans après, ils nous donnaient la Seconde.

Kedourie et Minogue se préoccupaient des conséquences du nationalisme et n'en ont pas été enchantés. D'ailleurs, Kedourie les résume en ces mots : « Les efforts en vue de remodeler une bonne partie du monde en fonction des frontières nationales n'ont pas pour autant apporté plus de paix et de stabilité. Au contraire, ils ont créé de nouveaux conflits, exacerbé les tensions et provoqué des catastrophes pour une multitude d'innocents[8]. »

Oakeshott semblait moins intéressé aux conséquences du nationalisme qu'à l'origine du mouvement et au genre de personnes qui ont embrassé cette cause. Pour lui, un nationaliste est un « individu manqué[*] », une personne qui souffre à la fois « d'un mélange de perte réelle, de débilité, d'ignorance, de timidité, de pauvreté, d'isolement, d'égarement, de persécution ou de malchance ». On peut reconnaître ces personnes à « leur incapacité à mener une vie individuelle et leur aspiration à la protection d'une communauté ». Pour lui, un État-nation n'a de sens qu'en tant « qu'association d'invalides tous victimes de la même maladie et réunis de manière corporative afin de trouver un soulagement à leur maladie commune[9] ». Aux yeux d'Oakeshott, avoir le sentiment d'appartenir à un lieu précis est une chose, mais en devenir obsédé est une tout autre histoire.

Bien entendu, tous ne brossent pas un tableau aussi noir du nationalisme. Les socialistes, par exemple, qui pensent qu'il revient à l'État de définir et de favoriser une

---

[*] En français dans le texte original.

société « idéale » pour tous, ont tendance à être sympa-
thiques au nationalisme qui propose un modèle de société
semblable, bien que pour une clientèle plus restreinte.
Charles Taylor, le grand philosophe canadien qui s'est fait
dernièrement l'apôtre de la cause nationaliste, est un de
ceux-là. Son point de vue est particulièrement intéressant
du fait que c'est un Québécois anglais qui semble faire
avancer de façon significative la cause du nationalisme
francophone dans sa propre province.

Dans plusieurs essais et allocutions, Taylor soutient
que protéger et améliorer la langue française et la culture au
Québec équivaut à protéger l'environnement, ce qui donne
le droit à la majorité d'imposer ses aspirations à toute la
population. Il fait remonter l'origine de cette forme de raisonnement à Johann Gottfried von Herder et aux Roman-
tiques allemands qui l'ont suivi, pour l'appliquer ensuite au
Québec. Si le raisonnement est parfois élaboré, plusieurs
citations donnent une certaine saveur à l'argument lorsqu'il
parle de sa province : « Pour les gouvernements du Québec,
il est évident que la survie et l'épanouissement de la culture
française est un bien. [...] Cela garantit l'existence d'une
collectivité de gens qui voudront, à l'avenir, utiliser la langue française [...]. Ils mesurent l'importance de certaines
formes d'uniformisation à celle de la survie culturelle et, des
fois, ils penchent pour cette dernière. Bien sûr, je serais prêt
à recommander ce genre de modèle[10]. »

Voilà la justification de Taylor à l'égard du nationalisme québécois. Lorsqu'on l'interroge, il admet que ce droit
à la reconnaissance politique devrait s'exercer, en principe,
aussi bien au profit du mouvement partitionniste anglophone du Québec qu'au profit des autochtones du Canada.
Envisageant la possibilité d'une avalanche de demandes
pour ce genre de reconnaissance, Taylor a suggéré que l'on
puisse établir différents « niveaux de diversité[11] ». Ainsi, il
soutient qu'une personne d'origine ukrainienne peut demander la reconnaissance politique à titre de « morceau »

de la mosaïque canadienne, tout en approuvant que les Français et les Inuits recherchent une reconnaissance plus étendue, au « deuxième degré ou une diversité " profonde "». Le mieux qu'on puisse dire d'une telle politique est qu'elle constitue un défi politique et administratif. Dans la pratique, elle risque sérieusement de donner naissance à un pays dont les structures reposent sur les requêtes des groupes ethniques les plus nombreux, les plus riches et les mieux organisés.

En tout cas, Taylor a su fournir des arguments qui expliquent les caractéristiques d'un État-nation et prouver que le Québec colle à la description. Il pense qu'« une société peut s'organiser à partir d'une définition de ce qu'est une vie heureuse, sans pour autant désapprouver ceux qui n'y croient pas[12]». Il maintient qu'il est juste que le Québec veuille se définir de cette façon. Et Taylor n'a peut-être pas tort sur ce point. L'idée du Québec, même si vous vous y opposez, a du moins l'avantage d'être une idée. Et que vous l'aimiez ou non, la description que fait Taylor du Québec sonne juste. Si un sentiment d'« unité prépolitique » ou des « caractéristiques vérifiables à l'avance » suffisent à définir le nationalisme, le gouvernement de la province de Québec est sans aucun doute à l'image d'un État-nation unilingue et uniculturel. Ce thème, qui est la pierre angulaire de sa vision politique, détermine et colore ses actions politiques. Personne ne peut plus le nier.

On ne peut pourtant appliquer cette description au *Canada*. Le *Canada* n'est pas comme le Québec; c'est un pays tout à fait différent. L'argumentation de Taylor ne nous aide nullement à comprendre le code moral qui unit les *Canadiens*. Le *Canada* n'est pas une société de procédure; pas plus qu'un État-nation, même si on essaie de le définir sous l'angle d'une seule nation, de deux ou de trois. Aucune unité prépolitique, aucune race ni aucun groupe linguistique ou culturel ne paraît mériter un statut particulier au Canada, à l'exception, et pour des raisons bien spéciales, des populations autochtones.

Comment allons-nous réussir à poursuivre notre chemin en évitant les excès d'un État de procédure et d'un État-nation ? Quelle valeur morale va caractériser la communauté *canadienne* et lui donner une signification qui plaise à tous ? Certains y font allusion sous le nom de « société civile », mais comme le *Canada* se compose de nombreuses « sociétés », dans le sens général du terme, nous retiendrons l'expression d'Oakeshott et l'appellerons une « association civile ».

CHAPITRE IX

Le *Canada*, en prose

Je me rends compte que si l'on part du principe que l'association civile constitue la pierre angulaire de notre identité nationale, un grand nombre de *Canadiens* vont juger que c'est bien peu de chose pour entretenir notre loyauté et notre fierté nationales. Voilà qui ressemble à un rêve d'avocat. On doit sûrement pouvoir construire une vision un peu plus poétique de notre patrie.

En fait, il y a déjà eu de nombreuses tentatives en ce sens. Le premier livre que j'ai lu sur ce sujet est *The Unknown Country*, de Bruce Hutchison, publié en 1942, mais qui a gardé tout son charme[1]. Son livre aborde beaucoup d'aspects, mais, dans le fond, c'est un hymne aux valeurs rurales : « N'entendons-nous pas le son du Canada ? Ne l'entendons-nous pas dans le bruissement des feuilles de peuplier dorées en octobre et dans le brusque éclaboussement d'une truite dans le silence d'un lac, dans le murmure des scies au plus profond des bois, dans le tintement des cloches d'une église le long de la rivière, dans le sifflement des trains dans l'étroit passage entre les montagnes, dans le gargouillement des fossés d'irrigation par une nuit chaude, dans le frissonnement du grain mûr sous le souffle du vent et dans la morsure des lames d'acier dans la neige[2] ? »

Beaucoup d'autres efforts ont été faits en vue de définir le pays. L'ouvrage de George Grant, *Lament for a Nation*, publié dans les années 1960, était un requiem pour le temps révolu des valeurs conservatrices[3]. Plus récemment, dans *Nationalism Without Walls*, Richard Gwyn nous incite à

aborder de front la vague de mondialisation et l'américani-
sation[4]. Ce ne sont là que trois des innombrables tentatives
qui ont été faites pour définir l'identité *canadienne* et qui, à
leur façon, font appel à nos émotions.

Le problème est que, si ces ouvrages nous apprennent
beaucoup à propos d'Hutchison, de Grant et de Gwyn, ils
nous informent peu sur le Canada, et encore moins si l'on
essaie de les réconcilier tous les trois. Même lorsqu'ils décri-
vent un moment particulier de notre histoire, ils laissent
toujours des aspects de côté. Avec le passage du temps, c'est
encore plus frappant. De nos jours, les locomotives au die-
sel ne sifflent plus, pas plus que nos tronçonneuses ne mur-
murent, sans compter qu'un certain nombre de *Canadiens*
ne sont pas d'accord avec M. Gwyn quant aux méfaits de la
mondialisation.

Les réflexions de ces auteurs sont dignes d'intérêt, car
elles sont personnelles. Elles touchent chacun d'entre nous
différemment et peuvent nous aider à nous définir en tant
qu'individus. Mais être un *Canadien* est une tout autre histoire. Nous ne pouvons certainement pas forcer nos concitoyens à adopter ces visions et ces souvenirs. Si nous tenons
à découvrir le sens de l'universel et de l'éternel dans l'identité *canadienne*, il faudra nous contenter de moins, et encore
faudra-t-il l'exprimer en prose.

Une des façons de découvrir l'essence même de notre
identité serait de considérer ce que nous ne sommes pas.
Pour commencer, je pense que ce serait une excellente idée
pour nous d'oublier l'idée que le *Canada* est une version
« corrigée » des États-Unis ou que son identité se trouve
dans sa géographie.

Nous ne sommes pas des Américains améliorés

Maintes fois, nous nous sommes employés à définir
notre identité *canadienne* en fonction de ce qui nous

distingue des Américains. Plusieurs prétendent que nous sommes des personnes plus douces et plus gentilles que nos voisins du Sud, du fait, par exemple, que moins de crimes sont commis sur notre territoire et que nous avons un système de santé universel.

Même des auteurs sérieux se sont livrés à des exercices de comparaison. Parmi eux, l'éminent sociologue américain Seymour Lipset est sans doute celui qui, dans *Continental Divide*, s'est le plus attaché aux différences entre les *Canadiens* et les Américains[5]. Il conclut que ce sont les objectifs des pères fondateurs de nos deux pays qui expliquent le mieux nos principales différences. L'organisation des États-Unis repose sur le principe « de la vie, de la liberté et de la poursuite du bonheur », tandis que la nation canadienne a été fondée pour nous offrir « la paix, l'ordre et un bon gouvernement ».

L'argument central de Lipset, qui s'inspire de cette distinction, pose que « le Canada est une société plus consciente des distinctions sociales, élitiste, respectueuse des lois, étatiste, axée sur la collectivité et les groupes que la société américaine[6] ». Qu'est-ce que cela signifie en pratique ? Pas grand-chose, je pense.

J'ai toujours eu l'impression que les *Canadiens* ne se différenciaient pas beaucoup, sinon pas du tout, des Américains. Peut-être cette perception a-t-elle beaucoup à voir avec mon lieu de naissance. J'ai passé mon enfance dans une région proche de la frontière des États-Unis (à bien y penser, il en est de même pour la majorité des *Canadiens*). Dans mon cas, l'État qui se trouvait de l'autre côté de la « ligne » s'appelle le Vermont.

Un de mes oncles et sa femme ont eu pendant plusieurs années leur résidence dans une rue de Beebe, au Québec. Le côté nord de cette rue, de même que les maisons qui la bordent, se trouve au Québec. En face, du côté sud de la rue, les maisons se trouvent à Beebe, au Vermont. La rue s'appelle, vous l'aurez deviné, Canusa, et la ligne blanche peinte au centre de la rue Canusa pour séparer la circulation nous sert agréablement de frontière internationale. Les habitants de ce coin remarquent quelques différences entre Beebe, au Canada, et Beebe, aux États-Unis, par exemple le prix du poulet et de l'essence. Mais si vous faites la connaissance des habitants des deux Beebe, vous aurez du mal à croire que ceux qui résident au nord de la ligne blanche sont plus « conscients des distinctions sociales, élitistes, respectueux des lois et axés sur la collectivité » que leurs voisins d'en face. On ne peut pratiquement pas les différencier.

Certaines personnes s'irritent lorsque j'évoque cette histoire pour montrer que les Américains et les *Canadiens* ne diffèrent pas beaucoup. Elles rétorquent : « C'est le Vermont. Le Vermont n'est pas comme le reste des États-Unis. »

Justement, là est la question. Les habitants du Vermont sont spéciaux, tout comme ceux de l'Utah, comme les New-Yorkais et les Texans. Si vous comparez un après-midi passé à Rosedale et une soirée dans le Bronx, vous ne manquerez pas de trouver des différences. Mais je suis certain que si vous comparez d'un œil froid la vie dans une douzaine de villes disséminées aux États-Unis et au *Canada*, si vous parlez aux gens d'un magasin Wal-Mart local, vous aurez du mal à dire qui vient du Canada et qui vient des États-Unis.

L'ouvrage de Lipset est une mine de renseignements sur la façon dont les Américains se différencient des Canadiens. Ceux qui croient en Dieu : Américains, 95 p. 100, Canadiens, 86 p. 100 ; satisfaits de leur travail : Américains, 69 p. 100, Canadiens, 63 p. 100. Quelques observateurs font remarquer que les centres commerciaux américains sont surchauffés et que leurs restaurants servent des repas plus copieux. Mais cette information n'est guère utile. Qui plus est, vous avez l'impression que le même genre de différences se dégagerait d'une enquête comparant Terre-Neuve à la Colombie-Britannique, ou la Californie au Nebraska, ou encore des grandes villes avec des petites, n'importe où. Il est vrai que leurs ancêtres étaient des révolutionnaires et les nôtres, des contre-révolutionnaires, pourtant ces ancêtres avaient aussi beaucoup de choses en commun. Si vous vous renseignez sur les raisons qui les ont amenés ici, et sur leur mode de vie, vous comprendrez ce que je veux dire. L'étude de Lipset est intéressante, de même que les cinq cents références mentionnées dans sa bibliographie. Toutefois, je ne pense pas que ses sondages d'opinion publique fournissent un matériau brut qui permette de répondre de façon satisfaisante à la question d'identité de nombreux *Canadiens*.

À bien y penser, la culture américaine est aussi la culture *canadienne*. Le cinéma d'Hollywood, qui nous montre des images caractérisant aux yeux de la plupart d'entre nous l'Amérique, est réalisé par des individus qui viennent de villes ou de villages aussi bien des États-Unis que du *Canada*. Ce qu'ils font n'a rien d'américain. Ils créent tout simplement des choses populaires. Chaque jour, des scènes de films américains sont tournées dans les rues de Toronto et de Vancouver. Le siège social de Universal Pictures s'est installé dans un petit bureau de la rue Peel, au centre-ville de Montréal.

Tenter de nous définir en nous comparant avec les États-Unis présente plusieurs autres désavantages. Si nous affirmons que nous sommes différents à cause de notre système de santé, que se passera-t-il si notre système se détériore et si le leur s'améliore? Les Américains dépensent déjà 80 p. 100 de plus que nous par personne pour les services de santé et, tout comme le nôtre, leur système de santé évolue rapidement[7]. Il semble que les États-Unis enregistrent en général plus de crimes, mais le viol est plus fréquent au *Canada*. Et si les chiffres s'inversaient l'année prochaine? Allons-nous perdre notre identité? N'est-ce pas une bonne idée d'être « bon et gentil » en fonction de critères plus stables que les chiffres du Bureau des statistiques des États-Unis?

Le fait de nous percevoir comme des Américains améliorés a également le désavantage de fournir aux démagogues

canadiens un terrain fertile à toutes sortes de réactions anti-
américaines, soigneusement mises au point pour faire avancer la cause d'un quelconque groupe ou pour se dégager de
toute responsabilité en cas de catastrophe locale. Nous
avons relevé ce défi. Dans un récent livre, *Yankee Go Home*,
l'historien J. L. Granatstein a retracé l'histoire de ce phénomène et ce n'est pas beau à voir[8]. John Diefenbaker sort
comme le champion moderne de l'antiaméricanisme, mais
il est bien entouré.

À mon avis, une définition des *Canadiens* ne devrait
donc pas faire référence aux États-Unis. Je présume, ou du
moins j'espère, que les habitants de l'Uruguay n'ont pas
besoin de savoir pourquoi ils ne sont pas argentins. Cherchons plutôt à savoir qui nous sommes plutôt que qui nous
ne sommes pas. Nous devrions comparer le *Canada* en
regard des normes que nous nous sommes établies.

La géographie

Le premier ministre du Canada ne se lasse pas de nous
rappeler que les Rocheuses font partie de notre identité
nationale. Par ailleurs, Jacques Parizeau a déclaré que le
premier regard qu'il a posé sur ces mêmes Rocheuses l'avait
persuadé que le Québec ne fait vraiment pas partie de ce
pays. Le reste d'entre nous se fera pardonner d'avoir vu dans
toutes ces paroles une véritable hyperbole politique. Le
Canada n'est pas défini par sa géographie. En réalité, elle
nous divise.

C'est très agréable d'avoir le mont Assiniboine et Peg-
gy's Cove à l'intérieur de nos frontières, mais quiconque
préfère le mont Blanc et Old Orchard n'en est pas moins
canadien pour autant. La majorité d'entre nous ne verra
jamais le pays en entier et beaucoup passeront leur vie dans
les limites de leur petite communauté. Pour ma part, si je
devais fonder ma nationalité sur un lieu géographique,

j'aurais besoin d'un passeport des Cantons-de-l'Est, car mes seules attaches émotives vont à cette région, avec ses villages, ses cours d'eau et ses collines.

D'autres *Canadiens*, à la fois poètes et comédiens, ont prétendu que c'est notre climat qui nous caractérise et que nous nous rassemblons tous autour d'un point commun, la neige. Cette représentation surgit probablement des mémoires d'une enfance passée dans les Prairies. Je doute pourtant que l'on trouve beaucoup d'adeptes de cette vision parmi les sikhs qui parcourent les corridors des centres commerciaux souterrains du centre-ville de Toronto.

Il est possible que le désert soit un élément de l'identité collective de tous les Tunisiens. Peut-être que les Suisses sont des montagnards. Mais la géographie du *Canada* est trop variée pour que nous ayons une caractéristique en commun. Tous les efforts déployés en vue de nous unir en vertu d'un territoire se terminent inévitablement par un appel à « l'unité dans la diversité », et je crains que ce ne soit pas suffisant.

À bien y penser, nos deux plus longues frontières ne sont pas non plus définies par la géographie. La moitié de notre frontière du sud est une construction artificielle sur le 49e parallèle, et à ma connaissance il n'existe aucun accord quant à l'emplacement de notre frontière du nord. On ne peut pas trouver le *Canada* en regardant un album de photos. Comme le dit si bien Rick Salutin : « Parfois un voyage à travers le pays est juste un voyage à travers le pays. »

Chapitre X

Le *Canada* : rien de fondateur

Le *Canada* n'est pas une version améliorée des États-Unis, et nous ne découvrirons pas qui nous sommes en examinant le paysage. De plus, j'aimerais faire valoir que le *Canada*, qui n'est ni un État-nation ni une société, n'est pas non plus uni autour de ses nations fondatrices, ses deux langues officielles ou une culture commune.

Les nations fondatrices

Dans un chapitre précédent sur le Québec, j'ai rappelé les origines de l'idée selon laquelle le *Canada* serait la propriété constitutionnelle de deux nations fondatrices : les Français, descendants catholiques des colons européens venus de France, et les Anglais et les Écossais, descendants protestants des colons venus de Grande-Bretagne. Certains semblent croire que notre pays devrait se fonder sur les valeurs de ces deux groupes et que le gouvernement a le devoir de s'assurer que tous les autres peuples s'intègrent dans l'une ou l'autre de ces sociétés.

Un tel argument peut paraître pertinent aux Québécois francophones qui veulent justifier la reconnaissance d'un statut particulier pour le Québec au sein de la fédération. Mais il ne signifie rien pour l'autre nation fondatrice. Personne dans les neuf autres provinces ne cherche à construire une société qui soit basée sur les valeurs protestantes des vrais natifs anglais. Le *Canada* est un pays peuplé de minorités.

Pour le moment, les Britanniques forment le groupe le plus important. Mais l'époque est révolue où ils pouvaient se réclamer d'une position privilégiée. La Constitution a beau proclamer que notre objectif est de « promouvoir les intérêts de l'Empire britannique » et que le monarque britannique reste notre chef d'État, cette situation ne pourra durer, car personne ne la prend au sérieux. Elle n'a aucune incidence sur l'évolution de la politique publique du *Canada*.

De toutes les villes d'Amérique du Nord, c'est à Toronto et à Vancouver, les deux plus importants centres urbains du *Canada*, qu'on trouve les proportions les plus élevées de résidants d'origine étrangère, et nous nous dirigeons tous vers des modes de vie qui ne font pour ainsi dire aucune référence à la culture unique des îles Britanniques. Le Royaume-Uni n'a plus aucun intérêt à créer ici une société à sa propre image. En Grande-Bretagne, l'équivalent de Charles de Gaulle n'existe pas. Pour être plus précis, environ 22 p. 100 de la population du *Canada* est d'origine britannique et 3 p. 100, d'origine française[1]. Donc, 75 p. 100 des habitants ont d'autres racines : asiatique, latino-américaine, africaine, européenne. Il serait peut-être temps de les laisser vivre ! Les *Canadiens* n'ont vraiment aucune raison de se laisser convaincre que les droits de naissance de deux groupes ethniques donnent à ces derniers un statut particulier dans notre pays.

La théorie des deux nations fondatrices ne s'applique pas au *Canada*, elle défie la réalité et vient s'y fracasser. Même si vous tenez à l'idée qu'autrefois il y avait bien deux nations fondatrices, vous êtes forcés d'admettre qu'il en reste une seule – et qu'elle vit au Québec.

La langue

Cela n'a plus aucun sens de parler de deux langues fondatrices ou de leur rejeton : le bilinguisme officiel.

Pierre Trudeau est le créateur du concept contemporain d'un *Canada* bilingue. Pour faire face à la vague de nationalisme du Québec dans les années 1960, il déclara que les gens devraient pouvoir vivre en anglais ou en français dans n'importe quel coin du pays, ce qu'il entreprit de réaliser à l'aide d'une politique. En tant que mythe, ce projet a réussi à frapper l'imagination de milliers de *Canadiens* de bonne foi. En tant qu'objectif politique, il était voué à l'échec.

Le problème découle de la conviction qu'il pouvait exister une sorte de symétrie entre les deux langues. Ce raisonnement a du sens s'il s'agit de deux langues d'importance relativement égale, comme le français et l'allemand en Suisse. Mais affirmer que l'anglais et le français sont deux langues que l'on parle en Amérique revient à dire que le taxi londonien et l'Airbus sont deux moyens de transport. C'est vrai, mais on ne peut les comparer. L'origine moderne de ces deux langues est l'Europe de l'Ouest, elles sont relativement faciles à apprendre et chacune a donné naissance à de grandes œuvres littéraires – c'est à peu près tout ce qu'elles possèdent en commun.

Le français est une langue régionale qui perd de plus en plus d'usagers. Il est essentiel pour pouvoir vivre en France et dans certaines parties de la Belgique, de la Suisse et au Québec. Il est aussi utile dans quelques anciennes colonies françaises, bien qu'il soit progressivement remplacé par l'anglais. Ailleurs dans le monde, le français ne présente qu'un intérêt littéraire. L'espagnol aurait-il été la première langue du Québec, cette situation aurait créé une dynamique intéressante en Amérique. Mais vous pouvez voyager de l'Arctique à la Terre de Feu sans avoir à parler un seul mot de français, sauf au Québec.

Le mot anglais de son côté décrit deux choses : une langue régionale et un moyen de communication global. Et sur ces deux plans, il augmente en importance. C'est une langue nécessaire au Royaume-Uni et dans nombre de ses anciennes colonies, particulièrement aux États-Unis. Au

Canada et aux États-Unis, c'est la première langue de 98 p. 100 de la population – dans ce vaste espace, seulement 6,5 millions de personnes ne parlent pas anglais, dont 4 millions se trouvent au Québec[2]. L'anglais est un moyen de communication utilisé par des millions de personnes qui ne s'intéressent pas du tout à Shakespeare, mais qui veulent vendre des tracteurs, négocier un traité ou parler au service aux chambres dans un hôtel japonais. L'anglais est devenu la langue la plus facile à baragouiner dans le monde. Cela ne signifie pas que les personnes qui parlent anglais sont supérieures aux autres, mais leur langue est supérieure au français, de la même manière qu'un traitement de texte l'est par rapport à une machine à écrire.

La population du Québec veut conserver le français comme langue principale. Si l'on part du principe que leur politique en matière d'éducation reflète la volonté du peuple, on a l'impression que la population veut parler seulement français. Elle maintient que le fait de parler français est « une façon de concevoir son existence[3] ». Cette politique a eu pour conséquence que 70 p. 100 de la population francophone du Québec ne parle pas l'anglais actuellement[4]; à Montréal seulement, 1,3 million de personnes ne parlent que le français. À la lumière des réalités du continent, cela peut paraître insensé, et ce n'est pas une politique à laquelle on veut soumettre ses enfants, bien qu'il s'agisse d'un objectif légitime de la part de la politique publique si tel est le désir de toute la population du Québec.

Toutefois, s'agissant de politique à l'échelle du Canada, il ne devrait faire aucun doute que tout projet visant à faire du français et de l'anglais les langues officielles, lesquelles seraient mises sur un pied d'égalité d'un océan à l'autre, est irréaliste. La décision de Pierre Trudeau de rendre Ottawa bilingue était compréhensible, mais son projet a amené les gens à croire qu'il était possible de vivre en français en Colombie-Britannique, ce qui a créé des tensions au lieu de les réduire.

Le bilinguisme officiel a entraîné des comparaisons injustes de la part des Canadiens anglais et français. Ainsi, les *Canadiens* se plaignent que le Québec est le seul endroit où l'on a supprimé une des deux langues officielles. Les francophones répliquent en disant que les Anglais du Québec sont la minorité la mieux traitée. Tout le monde a raison. Mais la différence entre les deux langues rend les comparaisons futiles.

L'anglais est la langue courante de notre pays, mais il ne caractérise pas pour autant le *Canada*, pas plus que l'espagnol ne caractérise la Colombie. L'anglais est devenu notre langue officielle ici pour deux bonnes raisons : 85 p. 100 de la population l'utilise chaque jour[5], et il n'y a pas de meilleure façon de communiquer avec le reste du monde.

Le français n'a pas besoin d'être une langue officielle. Ne mâchons pas nos mots, le français aujourd'hui est une langue marginale, strictement locale au *Canada*. Malgré une respiration artificielle qui dure depuis trente ans, seulement 588 585 *Canadiens* utilisent le français comme langue principale. Sans même bénéficier du moindre appui, 553 045 autres *Canadiens* utilisent le chinois[6].

Le *Canada* n'est pas le foyer de deux langues fondatrices ni même d'une seule, et le pays n'a pas besoin d'un débat linguistique. Aux yeux de certains, cela seul justifierait la désinvestiture.

La culture

Un grand nombre de personnes pensent que les *Canadiens* sont ou devraient être unis dans une culture commune que nos gouvernements se doivent de soutenir et de développer. Qu'entendent-elles exactement par là ? Malheureusement, la plupart d'entre nous n'en ont pas la moindre idée.

Dans le lexique de la politique canadienne, le mot «culture» est en général employé abusivement, de même que «nation» et «peuple». Ceux qui veulent clarifier cette confusion en consultant le dictionnaire découvriront que la culture consiste en «une forme particulière ou un type de développement intellectuel[7]». Elle est vraisemblablement le produit de toutes les forces qui s'exercent sur notre intellect et sur notre imagination, comme la religion, la langue, la famille, les coutumes et les traditions locales, les arts, les loisirs populaires et toute une gamme d'autres influences, y compris les cultures de nos voisins et de nos ancêtres. Plusieurs aimeraient croire, ou espérer du moins, que les politiciens et les fonctionnaires de notre pays jouent un rôle mineur dans notre évolution culturelle personnelle.

Ce n'est absolument pas le cas au Québec, où la politique culturelle se fonde sur la certitude que le fait de parler français «est non seulement un moyen d'expression, mais aussi une façon de vivre [...] une institution, un mode de vie[8]». L'élite intellectuelle du Québec s'obstine à rechercher «qui nous sommes» et encourage tout le monde à partager cette vision. Elle estime que c'est à l'État de diriger cette aventure.

Chaque fois que l'on s'efforce de définir cette distinction, on est toujours arrêté par des détails. On prétend, par exemple, que le Québec français se caractérise par une *joie de vivre** typiquement latine, mais les Québécois français ne sont pas plus latins que leurs ancêtres normands. D'autres soutiennent que leur Code civil illustre parfaitement la culture française du Québec. Mais ce code produit des résultats semblables à ceux de la *Common Law*. La célèbre Caisse de dépôt et placement du Québec n'est rien de plus qu'une façon de gérer des fonds de pension publics comme on le fait dans beaucoup d'autres pays. Le mouvement coopératif,

---

* En français dans le texte original.

très populaire au Québec, l'est tout autant en Saskatche-
wan. Pour sa part, l'Église catholique romaine a fortement
influencé la culture traditionnelle du Québec, mais de nos
jours son ascendant est réduit. Montréal possède un orches-
tre symphonique, un ballet, des musées et un opéra. Ces
institutions sont vues comme les marques du caractère distinctif de la culture québécoise. Ce qui n'empêche pas de
trouver des institutions similaires dans toutes les villes de
même importance en Amérique du Nord.

La crise annuelle de schizophrénie qui éclate quand
vient le moment de choisir les chars allégoriques qui feront
partie du défilé de la fête nationale illustre de façon poi-
gnante la difficulté qu'éprouve le Québec contemporain
lorsqu'il s'agit de définir sa culture distincte[9]. Inébranlables,
les efforts se poursuivent et l'on demande maintenant que
chaque nouvel immigrant adopte la langue française non
pas seulement en tant que mode d'expression, mais en tant
que « valeur civique commune[10] ».

Au *Canada*, la politique culturelle s'est donné des
objectifs plus restreints. Elle essaie en fait de ne s'en tenir
qu'à deux aspects de notre culture : les arts et les loisirs
populaires. Les fonds publics vont à la promotion des programmes de théâtre, de radio et de télévision, à la musique,
à la danse, à la peinture et aux festivals régionaux et des
contrôles ont été établis en vue de limiter l'influence de
l'industrie des loisirs populaires, comme les films, les magazines et la télévision en provenance de nos voisins du Sud.
Ainsi en est-il de notre politique culturelle.

Existe-t-il d'autres éléments susceptibles de caractériser notre culture *canadienne*, et le gouvernement devrait-il
jouer un rôle pour ce qui est de la définir ? Les tenants de la
société de procédure vous répondraient non, en soulignant
que dans un État axé sur la liberté individuelle, nous devrions tenir pour acquis que les gens sont capables de faire
un choix lorsqu'il s'agit de religion, de langue, de liens
familiaux traditionnels, d'épanouissement personnel et de

tout ce qui a trait au développement intellectuel de chacun. La culture est une question personnelle, particulière à chaque personne. Le gouvernement ne devrait pas avoir à nous inciter à préférer Philip Glass aux Spice Girls ou à suivre un cours d'histoire au lieu d'un cours de programmation informatique.

Or, en pratique, ce n'est pas si simple. Nos structures politiques sont à l'image d'une orientation culturelle. Nos gouvernements, fédéral et provinciaux, sont impliqués dans toutes sortes d'activités qui vont au-delà du patronage des arts et qui nécessitent de prendre des décisions qui risquent d'influencer notre développement intellectuel. Le système d'éducation en est un exemple évident. Par conséquent, les gouvernements ne peuvent éviter le parti pris culturel, qu'il soit explicite ou non.

Mais le *Canada* en tant qu'entité ne peut caresser l'espoir de forger une identité culturelle qui engloberait tout. C'est une entreprise inutile pour nos politiciens et bureaucrates, et si jamais ils réussissaient à le faire, notre pays en serait affaibli. Le peuple fondateur du *Canada*, les Britanniques, ne saurait imposer sa façon de vivre comme culture officielle du pays. Il y a un consensus voulant que les gens de toutes origines devraient jouer un rôle dans l'évolution de notre identité et que la langue anglaise n'est pas un outil destiné au développement culturel collectif, mais plutôt un terrain de jeu sur lequel peuvent s'épanouir d'autres aspects plus intéressants de la personnalité de chaque individu.

De plus, nos frontières très étendues rendent l'indésirable impossible. Nous ne sommes pas un peuple ou une société unique, et il est inutile d'essayer de remédier à la situation. Tous les efforts visant à renforcer les vertus anglo-saxonnes ou à imposer une nouvelle définition de ce que nous sommes, sur la base de valeurs asiatiques ou du mode de vie américain, sont voués à l'échec. Notre culture en tant qu'individus, notre développement intellectuel, va évoluer de façon imprévisible et notre gouvernement ne fera qu'essayer de refléter cette évolution. C'est la façon dont les *Canadiens* veulent que les choses se fassent et ils comprennent d'instinct qu'il n'y a pas d'autre manière possible. Par conséquent, pour les *Canadiens*, la politique culturelle, où qu'elle soit, sera le reflet de ce que nous sommes aujourd'hui et non pas un prolongement de ce que nous étions ni une vision de ce que nous pourrions devenir. Elle s'appliquera dans les limites de secteurs spécifiques de la politique publique, qui pour d'autres raisons doivent être d'ordre public.

Dans son livre *Impossible Nation*, Ray Conlogue souligne que la majorité des anglophones du Canada « n'ont pas réussi à développer une identité culturelle à la mesure de la possession d'un État-nation[11]». On ne peut qu'ajouter: Dieu merci. Il n'y a pas de culture fondatrice à défendre au *Canada*.

Les fondations du *Canada* ne se trouvent pas dans ses « fondateurs ».

CHAPITRE XI

L'identité *canadienne* : un lien moral

Si la géographie, la langue, la culture, l'origine ethnique et la religion ne peuvent rien nous dire au sujet de notre pays, que reste-t-il alors ? Beaucoup de choses, en fait, et je crois que vous apprécierez ce que vous allez découvrir plus loin. Mais avant de nous pencher sur cette question, j'aimerais vous rappeler les limites de l'entreprise.

Une définition du *Canada* doit être comprise et acceptée par nous tous, autant par les descendants des Européens établis dans ce pays depuis de nombreuses générations que par les personnes originaires d'autres pays devenues citoyens canadiens tout récemment. Elle ne peut s'appliquer exclusivement aux personnes qui ont parcouru le pays de long en large, elle doit aussi avoir une signification pour ceux qui n'ont jamais quitté leur village. Elle n'intéresse pas seulement les fidèles auditeurs de la chaîne culturelle de Radio-Canada ; les jeunes sur leurs motocyclettes doivent aussi s'y reconnaître. Donc, s'il faut définir le *Canada* d'une façon qui sera comprise et acceptée par chacun de ses habitants, il faut trouver une définition qui lui colle à la peau.

Je comprends les personnes qui fréquentent les salons et les corridors politiques de notre pays et s'enquièrent d'une signification et d'une identité nationale en examinant leur vie privée et en observant les activités de leur entourage, et je sympathise avec elles. J'ai moi-même passé de nombreuses heures à me complaire dans cette tâche et il n'y a rien de mal à discuter pour savoir si le hockey est notre sport national ou si la compassion est notre vertu nationale. Cela fait partie de la conversation. Le véritable problème se pose lorsqu'on insiste pour que le gouvernement adopte ces objets de notre affection et se les approprie. Je parle de tout ici, depuis sa fleur emblématique jusqu'à la religion nationale. Avant qu'un objet en particulier soit adopté formellement, j'estime que c'est à nous de veiller à ce qu'il convienne à tous. Aussi longtemps que nous respectons cette règle quand vient le moment de choisir nos symboles nationaux, ces derniers ne se multiplieront pas indûment.

Récemment, à l'occasion d'un dîner, je me suis trouvé à la table d'une famille estonienne, en compagnie de la mère d'un certain âge et de son fils d'âge moyen avec sa femme. Ils se parlaient entre eux en estonien et s'adressaient à moi en anglais. Ils étaient établis au Canada depuis plus d'une trentaine d'années. Dans les années 1940, l'Estonie a été envahie par les Russes, les Allemands et de nouveau par les Russes en l'espace de six années. Un grand nombre des membres de cette famille et de leurs amis avaient été tués ou déportés en Sibérie. La famille avait décidé de venir se réfugier au Canada après être passée par la Finlande, la Suède et l'Angleterre. Je leur ai demandé ce que représentait le Canada pour eux. Ils ne firent bien sûr aucune allusion au Conseil des Arts du Canada, pas plus qu'à Radio-Canada, mais la réponse qui leur vint spontanément à l'esprit se résuma à un seul mot : la *sécurité*.

Le *Canada* n'est qu'une grande institution politique. C'est une constitution fédérale, avec des niveaux de gouvernement et, comme le dit la Cour suprême : « le système global des règles et principes qui régissent la répartition ou l'exercice des pouvoirs constitutionnels dans l'ensemble et dans chaque partie de l'État canadien[1] ». Si vous cherchez à y découvrir tout ce qu'il y a à savoir sur vous, vous serez

déçu. Le *Canada* se trouve dans l'impossibilité de vous fournir une identité dans sa totalité, juste des bribes. Il englobe
trop de régions différentes, trop de gens, trop de cultures.
Libre aux résidants du *Canada* de décider avec leurs voisins
s'ils forment une nation, constituent une société distincte,
veulent utiliser une langue ou une autre. Le *Canada* leur
répond : « Faites comme bon vous semble, mais ne vous
attendez pas à ce que l'État prenne position ou se mêle aux
débats. » Il ne veut pas être associé aux « préoccupations
sentimentales de ses électeurs ». Aucune définition de notre
société ne satisfera jamais pleinement la totalité des *Canadiens*, lesquels, en tout cas, sont libres de changer d'avis à
propos de ces sujets à tout moment, et ce sans préavis.

Cette définition limitée du *Canada* nous laisse le
champ libre pour exercer notre liberté en tant qu'individus.
Nous ne nous attarderons pas ici sur la forme de cette liberté, car elle peut avoir 22 millions de réponses différentes. Nous tâcherons plutôt de cerner la signification plus
restreinte de la responsabilité collective qui caractérise la
communauté *canadienne*.

Commençons par la Constitution[2]. Depuis 130 ans,
nous partageons la même Constitution, ce qui en soi est
presque un record mondial. Le document original, sous la
forme d'une simple loi du Parlement britannique, représente un bel exemple d'une constitution de procédure.
Aucun principe d'organisation n'y est prescrit. Quatre provinces, l'Ontario, le Québec, le Nouveau-Brunswick et la
Nouvelle-Écosse, se sont réunies pour former une union
politique. Leur mission était de « développer la prospérité
des provinces et de favoriser les intérêts de l'Empire britannique ». C'est tout ce que nous savons de sa raison d'être
d'alors, et, aujourd'hui, nous n'en savons pas plus. Il n'est
fait aucune mention d'une philosophie politique sous-
jacente.

Le document stipule que le *Canada* doit avoir un gouvernement démocratique, sans préciser exactement qui

aura le droit de voter. Pour souligner la diversité de nos régions, on créa un système fédéral. Le Parlement d'Ottawa, avec ses deux Chambres, est le reflet de cette préoccupation, tout comme la délégation de responsabilités importantes aux gouvernements provinciaux. Pour l'époque du moins, la répartition des pouvoirs est très précise. Ainsi, « les amarques, les bouées, les phares et l'île de Sable » seront du ressort du fédéral ; « les licences de boutiques, de cabarets, d'auberges, d'encanteurs [...] » seront sous la responsabilité des provinces. Quant au reste du document, il couvre essentiellement des questions d'ordre domestique : les langues qui peuvent être utilisées à la cour, les garanties pour l'éducation religieuse, la rétribution du gouverneur général, les redevances des bûcherons au Nouveau-Brunswick, la promesse de construction d'un chemin de fer jusqu'à Halifax. Il prévoit spécifiquement l'addition de nouvelles provinces.

Au fil des années, la Constitution originale a subi des modifications mineures. Ce n'est que tout récemment, en 1982, que furent apportés d'importants changements. À ce moment, la loi du Parlement britannique fut rapatriée au Canada, le suffrage universel confirmé, et une section sur les langues officielles fut ajoutée, de même qu'une formule d'amendement de la Constitution et un engagement pour atténuer les disparités économiques régionales. Plus important encore, on inséra dans la Constitution une Charte canadienne des droits et libertés dans le but de protéger les individus de leur gouvernement. La plupart de ces droits existaient déjà de façon implicite dans notre droit coutumier, mais, en les établissant par écrit, on visait à réduire davantage la crédibilité de ceux qui croyaient que l'État devait légiférer relativement à une vision commune d'une vie heureuse.

La Charte canadienne des droits et libertés a donné lieu à de nombreuses critiques. Selon certains, elle accorde trop de pouvoirs à la cour. Malgré que les individus soient désormais mis au premier plan, le document a engendré une fébrilité collective surprenante, exprimée par des groupes d'intérêts représentant les collectivités qui pensent être l'objet d'une discrimination pratiquée par notre société. Pourtant le peuple *canadien* se montre très favorable à la Charte. Selon les sondages publics, elle se place en tête de toutes les autres institutions et des symboles comme étant l'invention nationale la plus importante, même avant la Police montée[3]. La Charte énonce par écrit quelque chose qui semble concorder avec le mode de vie que nous voulons. Fidèle à la vision de son créateur, Pierre Trudeau, c'est une déclaration solennelle d'indépendance à partir de simples liens de nationalité.

Sur quel code moral cette association civile durable repose-t-elle? Ce code consiste dans une série de normes, importantes mais limitées, quant à notre action politique. Il ne nous dit pas comment vivre, comment réussir ni comment être heureux. Il détermine une communauté, un groupe de personnes vivant dans la même localité, et ne nous raconte que peu de chose sur la nature même de cette communauté. Le code moral *canadien* ne nous propose pas une idéologie, ce qui ne nous fait pas devenir pour autant une société de compassion ou une société égoïste. Il ne veut même pas créer une société et ne définit pas la moralité publique. La Constitution est un système, une structure qui ouvre la voie à l'élaboration de toutes sortes de politiques publiques qui se basent sur la volonté des gens habitant ce pays. C'est un terrain de jeu assorti de quelques règles. Mais elle ne nous dit pas qui est censé gagner. Rien de ce qu'un *Canadien* fait est anti-*Canadien*, à moins que ce ne soit inconstitutionnel. La Constitution *canadienne* est conçue pour une société dynamique, pour les personnes qui « préfèrent la route à l'auberge ».

Nous avons créé une sorte de forum pour nous permettre de redéfinir en permanence notre espace privé et nos responsabilités mutuelles en fonction de problèmes concrets.

Les *Canadiens* restent partagés sur la question de savoir si les gens ont le droit ou non de mettre fin à leur propre vie ou de se faire avorter. Ils ne s'entendent pas sur le moment où les programmes de sécurité du revenu commencent à ruiner la vie des familles qu'ils sont supposés aider. Les subsides du gouvernement créent-ils vraiment un emploi intéressant pour quelqu'un de Lethbridge, ou ne s'agit-il que d'une escroquerie organisée ? Il n'existe pas de réponses à ces questions qui puissent satisfaire tout le monde, et on n'en trouvera pas davantage dans la Constitution. Ce document ne fait que fournir quelques règles qui nous aident à examiner ces questions calmement et de façon démocratique, de sorte que chacun comprenne et accepte le consensus.

En ce qui a trait au gros problème de la redistribution de la richesse, certains *Canadiens* croient qu'il faudrait augmenter les impôts pour créer plus de services gouvernementaux. À l'opposé, d'autres soutiennent que les impôts sont trop élevés et qu'il faudrait éliminer les services publics inutiles. La seule manière de se faire une idée sur le compromis qui prévaut aujourd'hui est d'examiner la proportion de notre PNB recueillie sous forme de taxes et redistribuée par l'État. Elle est actuellement d'environ 45 p. 100. Mais même si elle atteignait 60 p. 100 ou descendait jusqu'à 30 p. 100, nous serions toujours des *Canadiens*.

Cependant, il ne s'agit pas juste d'une société de procédure. Un code moral est fortement enchâssé dans le document constitutionnel *canadien*. Le premier élément de ce code, et le plus important, repose sur l'idée que nous vivons dans un cadre d'obligation mutuelle envers quiconque habite à l'intérieur des frontières *canadiennes,* non pas en tentant d'atteindre un objectif substantiel commun, mais en restant loyaux envers les structures qui nous apportent la liberté et les responsabilités qui s'y rattachent, et, comme le déclare Michael Oakeshott, « pour reconnaître l'autorité de certaines conditions en agissant[4] ». Ceux qui habitent ici depuis longtemps ont tendance à tenir cela pour acquis, mais c'est un atout inestimable. C'est cette structure même qui incite des millions de personnes, dont mes amis estoniens, à tout risquer pour nous rejoindre. Notre loyauté envers elle se manifeste par quelques symboles – notre drapeau, notre hymne national, notre fête nationale – et dans la solidarité à toute épreuve de nos concitoyens.

Le deuxième élément de ce code s'exprime dans la nature fédérale de nos structures politiques. Étant donné que la population de notre pays est dispersée, il est entendu que les problèmes locaux devraient être résolus à l'échelle locale. Lorsque vous déménagez d'une région du *Canada* à une autre, vous devez vous attendre à ce que les choses soient faites différemment. Pourtant, dans le texte de la Constitution, il est entendu que les affaires locales ont souvent une envergure nationale et que, pour protéger les intérêts de chacun, il faut que règne une certaine coopération, et l'on doit se résigner à quelques chevauchements entre les deux paliers de gouvernement. Par exemple, nous tenons à bénéficier de normes *canadiennes* pour nos besoins les plus élémentaires en matière d'éducation, de santé et d'assistance sociale. De plus, une clause de la Constitution, qui vise à renforcer l'expansion économique locale, oblige notre gouvernement central à assurer la péréquation et à se pencher sur le problème des inégalités régionales.

Les *Canadiens* s'identifient de façon positive à leurs deux ordres de gouvernement qu'ils considèrent comme deux parties d'un tout. La séparation précise et permanente des pouvoirs n'est pas essentielle ni même possible. Les gens veulent seulement que chacune des parties soit efficace.

Le troisième aspect de notre code moral se trouve dans les principes enchâssés dans la Charte des droits et libertés. Nous avons prévu une marge pour que la cour puisse les interpréter à la lumière des valeurs dynamiques de notre société (atténuée par notre célèbre clause « nonobstant »). Ces principes reflètent pourtant clairement un désir de vivre dans une communauté soucieuse de respecter notre espace privé, du droit à un procès équitable, du refus de la discrimination et de la liberté d'expression. Ils parlent également des responsabilités inhérentes aux libertés, du fait que ces droits ne peuvent exister que si les citoyens les respectent. Nous sommes attentifs à nos concitoyens non pas parce qu'ils sont exceptionnels ou que nous sommes d'accord avec eux, mais parce qu'ils sont nos concitoyens.

Enfin, la Constitution ne reconnaît spécifiquement qu'à un seul groupe ethnique, les autochtones, le droit à une considération spéciale dans la conduite de notre association civile. Ce faisant, nous indiquons clairement qu'aucun autre groupe, ni les nations fondatrices, pas plus que les gens de langue, de race ou de religion particulière, n'ont droit à une considération privilégiée dans la conduite de cette association civile. À cette exception près, la Constitution encourage « la soporifique absence de perception des distinctions[5] » entre les groupes ethniques et culturels.

Un profond sentiment d'allégeance réciproque envers tous les *Canadiens*; un engagement à l'endroit d'un régime parlementaire; la recherche d'équité en ce qui a trait au respect des droits de l'homme et des libertés fondamentales; le respect des valeurs et des priorités locales et régionales; surtout, le respect de la Constitution elle-même, voilà ce que cela représente pour vous d'être un *Canadien*. C'est notre culture à tous, notre association civile. Il se peut que cela ne corresponde pas à ma définition de *Canadien*, pas plus qu'à la vôtre, mais c'est ce sur quoi *nous sommes tous d'accord*, et c'est bien suffisant.

Le *Canada* n'est pas un *pays inconnu*. Il ne s'attend pas à être découvert. Sa nature est évidente et ce n'est frustrant que pour ceux qui veulent remodeler le pays à leur propre image. Dans ce cadre, nous sommes libres non pas de construire un pays, ce n'est pas notre but, mais de nous construire une vie. Ensemble, nous avons modelé nos institutions politiques de même que le code moral qui les inspire. Pour les comprendre, nous n'avons pas à nous comparer aux Américains ou aux Britanniques ou à quiconque ni à aucun endroit. Les institutions nous ont façonnés et nous les avons modelées au fil des années pour qu'elles nous conviennent.

Les structures politiques établies dans notre Constitution conviennent-elles parfaitement au gouvernement d'une société contemporaine ? Certainement pas. Le Sénat et la Chambre des communes sont des institutions imparfaites. Leur réforme peut faire l'objet d'un débat public légitime. Toutefois, nous comprenons que ces institutions nous ont menés là où nous sommes aujourd'hui, et qu'il n'existe encore aucun système qui ait atteint la perfection dans ce domaine. Il n'y a pas trace de crise constitutionnelle au *Canada*.

Le pays est-il suffisamment armé pour affronter l'avenir ? À vrai dire, ce dernier est incertain. Mais nous vivons dans une société ouverte et très éduquée, dotée d'une presse dynamique et libre, d'un système judiciaire respecté, d'une liberté de mouvement pour les personnes, les marchandises et le capital, d'outils fiscaux et monétaires complexes, de vastes ressources naturelles, de moyens de communication modernes avec le reste du globe, d'une structure juridique accueillante et reconnue, d'une économie ouverte, capable de créer des richesses, et d'une politique de redistribution relativement civilisée. Il reste encore beaucoup de problèmes à résoudre et d'autres, que nous ne pouvons prévoir, se présenteront. Mais ce pays paraît aussi bien organisé qu'un autre pour résoudre ses problèmes internes et s'adapter aux changements globaux, voire à les influencer. Quatre partis politiques *canadiens* dynamiques sont en place à Ottawa pour veiller à ce que tous les points de vue soient représentés.

C'est tout ce dont nous avons besoin pour connaître notre pays. Mais le bien connaître est le plus difficile. Pour que ce pays puisse fonctionner, nos chefs doivent s'engager activement dans la politique formative. Leur devoir est de définir et d'enseigner en permanence non pas le patriotisme, ni les souvenirs de notre enfance, mais quelque chose de beaucoup plus important, d'encore mieux et de plus difficile. Ils doivent nous inculquer «les vertus civiques, une politique qui cultive chez les citoyens les qualités de caractère nécessaires à un gouvernement par les citoyens». Ils doivent réussir à nous faire comprendre la valeur d'une communauté, centrée sur l'être humain et unie par un processus. Nous possédons beaucoup plus que le patriotisme. Nous sommes des citoyens.

CHAPITRE XII

La république et la nation

Le *Canada* est une république « nomocratique[*] » réunie autour d'une Constitution fondée sur le principe de la légalité. Nous n'avons pas eu le privilège de nous choisir mutuellement et la plupart des personnes avec lesquelles nous partageons ce pays sont des étrangers qui nous sont totalement inconnus. Un jour, nous avons appris que les Terre-Neuviens étaient devenus des *Canadiens* et nous les avons acceptés aussitôt. Le *Canada* est un pays qui lutte sans relâche pour garantir à tous ses citoyens, aussi bien les sikhs de Toronto, les Chinois de Vancouver que les Anglo-Saxons de Halifax, le même droit de parole dans leur propre gouvernement. Il symbolise la recherche de l'équité pour tous. Ce n'est pas un État de libre entreprise, mais plutôt un État « sans entreprise ».

Le Québec, quant à lui, est une nation « téléocratique[**] », une société qui s'est donné des objectifs précis auxquels ses habitants sont appelés à participer. Dans ce sens, il n'est pas sans nous rappeler un peu l'image d'une plantation ou, pour utiliser un terme plus contemporain, d'une corporation. Les nouveaux arrivants sont censés « s'intégrer à la société québécoise ». Lorsqu'il s'agit de définir leur société, les Québécois doivent non seulement parler la même langue, mais encore dire la même chose. Il est donc logique, voire inévitable, que dans ce type de société

---

[*] Du grec *nomos*, « loi ».
[**] Du grec *teleos*, « but, fin ».

toute forme de responsabilité politique qui ne relève pas de l'État soit considérée comme étant entre les mains d'un «pouvoir étranger» et qu'elle doive un jour ou l'autre être récupérée.

Ces deux sociétés ne sont pas faites pour s'entendre. La lutte entre le Québec et le *Canada* dure depuis deux cents ans. Au XIXe siècle, elle est devenue manifeste lors de la colonisation de l'Ouest et a culminé avec la rébellion des Métis. Au XXe siècle, nous avons assisté aux débats intenses et houleux sur la participation du Canada aux deux guerres mondiales.

À notre époque, les hostilités s'épuisent dans un débat interminable sur la répartition des pouvoirs entre les gouvernements fédéral et provincial. La Constitution canadienne prévoit un rôle pour chacun des deux ordres de gouvernement quant à la politique publique, mais, comme dans tous les systèmes fédéraux, les limites ne sont pas clairement tracées. De plus, la terminologie de la Constitution, qui était pertinente par rapport aux valeurs et aux technologies du XIXe siècle, ne précise pas lequel des gouvernements est responsable de la recherche et du développement, ou des habitations à loyer modéré ou encore d'Internet. Qui plus est, la distinction générale entre les affaires d'ordre national et local qui avait guidé les architectes de la Constitution n'existe pratiquement plus, en raison du mouvement accéléré des gens et de l'information. Les Canadiens peuvent circuler librement de Calgary à Vancouver et, ce faisant, ils s'attendent à obtenir les mêmes services de base partout, que ce soit en matière de santé, de pensions ou d'écoles pour leurs enfants.

La Constitution donne un rôle au gouvernement fédéral dans les affaires locales. Bien que celui-ci ne puisse légiférer s'agissant de questions locales, il est libre de dépenser comme il l'entend et dispose de pouvoirs fiscaux qui sont plus étendus et plus puissants que ceux des provinces. Les habitants de toutes les provinces, excepté le Québec, pensent que le gouvernement fédéral devrait jouer un rôle dans l'établissement de normes nationales dans le domaine des affaires «locales» comme l'éducation, la santé et la sécurité sociale. Ils estiment que l'on devrait régler ces problèmes de façon pragmatique. Les Québécois, quant à eux, s'y opposent et s'y sont toujours opposés, et rien n'indique qu'ils changeront un jour d'idée. Pour eux, c'est une question de principe.

Le *Globe and Mail* du 11 mai 1998 décrivait en ces mots les tout derniers efforts accomplis en vue d'établir une nouvelle ère de fédéralisme coopératif entre les provinces et Ottawa: «Toutes les provinces à l'exception du Québec sont parvenues à un accord de principe, à savoir que les domaines de la santé, de l'éducation et du bien-être social relèvent de la compétence exclusive des provinces, mais que c'est au gouvernement fédéral de définir les normes nationales. Ce principe traduit une vision selon laquelle les provinces et Ottawa conjuguent leurs efforts dans le but d'offrir une forme de gouvernement national plus efficace [...]. Le ministre québécois des Affaires intergouvernementales condamne l'intrusion d'Ottawa dans les champs de compétence provinciale [...]. Il déclare que le Québec ne saurait accepter l'intervention d'Ottawa dans la définition de la politique sociale du Québec [...]. Et aucun gouvernement du Québec depuis Duplessis n'a accepté un tel rôle [...]. Le Québec a refusé d'assister aux pourparlers, se contentant d'envoyer des observateurs.»

En fait, le gouvernement du Québec a pris part aux négociations, mais, au moment de leur conclusion, Ottawa a signé un pacte d'union sociale avec les neuf autres provinces seulement. Le premier ministre du Québec a déclaré qu'il ne pourrait jamais accepter une telle idée, et le chef du Parti libéral du Québec l'a appuyé.

Prenons un autre exemple. Vers la fin de novembre 1997, une commission royale sous la présidence du juge Krever présenta son rapport sur la façon dont 2 500 Canadiens ont été infectés par les virus du sida et de l'hépatite C à partir de sang contaminé fourni par la Croix-Rouge. Le gouvernement canadien annonça alors la création d'une nouvelle agence nationale. Ce à quoi le ministre de la Santé du Québec répondit que sa province ne participerait pas à ce projet et qu'il annoncerait plus tard la mise sur pied d'une « solution québécoise ».

Personne ne sait si le nouveau système canadien de collecte et de distribution du sang sera meilleur que l'ancien. Il se pourrait aussi que le Québec, ou toute autre province en fait, trouve une excellente solution pour résoudre le problème. En tout cas, le ministre de la Santé du Québec n'a certainement pas tenu compte des questions d'efficacité lorsqu'il a évalué la situation. Sa déclaration se basait sur une simple réalité de la vie politique dans sa province. En vertu de la Constitution, la santé relève des provinces et, par conséquent, il ne devrait y avoir aucune initiative nationale dans ce domaine. Toute action en ce sens de la part d'Ottawa est considérée, par définition, comme une tentative pour affaiblir l'Assemblée nationale du Québec ; il faut donc y faire échec.

Pour un simple observateur, l'idée qu'il pourrait y avoir une solution uniquement française au problème de distribution du sang risque de paraître surprenante. Mais, croyez-le ou non, c'est ce que pensent les Québécois.

Nous ne parlons pas ici uniquement de séparatistes. Quelques semaines avant cette histoire d'agence nationale du sang, le ministre des Finances du Canada, Paul Martin, s'interrogeait à haute voix sur l'opportunité de créer un programme national d'études en histoire, ce à quoi le porte-parole du Parti libéral du Québec lui répondit qu'il ferait mieux de se trouver un siège à l'Assemblée nationale du Québec ou de se taire. Même les libéraux du Québec insistent pour que le rôle du gouvernement central soit limité aux affaires internationales, monétaires et aux incontournables transferts de fonds aux provinces qui pourraient les utiliser comme elles l'entendent. La seule concession qu'ils aient faite relativement à l'établissement de normes nationales, dans n'importe quel domaine, est de proposer la création de conférences interprovinciales régulières auxquelles le gouvernement fédéral pourrait assister sans avoir le droit de voter[1].

Il ne s'agit pas là d'une affaire triviale. Il y va de la capacité de notre pays à fournir les services publics les plus essentiels – et les plus coûteux – à la communauté canadienne, de façon à la fois juste et efficace. Au *Canada*, l'opinion publique soutient que c'est à nos deux niveaux de gouvernement d'en partager et d'en assumer la responsabilité. Au Québec, l'opinion publique est sans équivoque : Ottawa ne devrait même pas se mêler à la discussion.

N'oublions pas de mentionner également le problème de l'amendement de la Constitution. Au *Canada*, les réformes de 1982, et en particulier l'adoption de la Charte des droits et libertés, ont reçu l'approbation générale. Le Québec, quant à lui, les a rejetées et rien n'indique qu'il les acceptera un jour. L'attitude du Québec rend toute autre réforme de la Constitution impossible, à l'exception de modifications qui touchent les questions ayant une incidence strictement locale. Toute tentative visant à améliorer nos institutions politiques sera invariablement contrecarrée par le Québec dont l'unique objectif est d'élargir l'espace qu'il occupe dans nos structures constitutionnelles[2].

Ce sont là des exemples de la réalité de la vie politique au Canada : le Québec voit les choses différemment.

Bien entendu, qu'un premier ministre se dispute avec Ottawa ne signifie pas qu'il faille invoquer chaque fois la désinvestiture. Il arrive fréquemment que les provinces soient en désaccord avec Ottawa et avec leurs voisins, et le système fédéral permet, voire encourage, ces différends. Il arrive aussi que le Québec soit d'accord avec l'Ontario ou l'Alberta sur un sujet précis. Mais c'est en général avec les neuf autres provinces et le gouvernement fédéral qu'il est

en désaccord. La divergence fondamentale d'opinions concerne la vision même du *Canada*, ce qui explique la pression
que le Québec exerce pour obtenir un statut spécial.

Les neuf autres provinces ont engagé une discussion
permanente avec Ottawa sur les questions de répartition de
pouvoirs, sur qui blâmer chaque fois qu'un désastre local se
produit et qui remercier pour la construction d'un nouveau
pont. C'est une sorte de rituel, une cérémonie qui se
déroule dans le cadre d'un système dont chacune des parties
accepte les règles. C'est comme assister au spectacle de
deux avocats en plaidoirie ou à un match de hockey. Les
Canadiens pensent que chacun de leurs gouvernements a un
rôle à jouer et veulent que les choses se règlent de façon
pragmatique. Le fédéralisme n'est-il pas une rue à double
sens ?

Pour le Québec, c'est une rue à sens unique. Chaque
gain pour la province est une victoire, peu importe sa réelle
signification. Par contre, chaque fois que le gouvernement
fédéral marque un point, c'est une défaite humiliante, non
pas juste pour le gouvernement du moment, mais pour le
peuple québécois, et ce à tout jamais.

Le gouvernement fédéral se trouve forcé d'entrer dans la
bagarre. Lorsqu'il aborde le délicat problème de la décentralisation, en ce qui concerne les programmes de formation de la
main-d'œuvre, par exemple, il hésite beaucoup du fait que
l'on risque de considérer son geste comme une abdication
devant les séparatistes. Le système entier de négociation, qui
devrait fonctionner selon un processus de négociations nor-
mal, est faussé par l'existence en son sein d'un État-nation.

Ces dernières années, l'attitude du Québec envers les
anglophones de la province a intensifié ce problème. Les
Canadiens de l'Ontario, des Maritimes et de l'Ouest circu-
lent facilement d'une province à l'autre, tout en se sentant
encore chez eux. Mais si vous leur demandez d'aller au Québec aujourd'hui, en admettant qu'ils acceptent, ils vous
répondront qu'ils ont l'impression d'émigrer dans un autre

pays. Les *Canadiens* ne comprennent pas le Québec et ne sentent pas qu'ils partagent les mêmes valeurs, car ce sont les Québécois eux-mêmes qui ont affaibli systématiquement ce sens d'association. Par conséquent, l'idée d'une politique de concessions mutuelles entre le gouvernement central et les provinces, qui semble tout à fait naturelle aux yeux de la majorité des *Canadiens*, s'effondre lorsque le Québec s'ajoute à l'équation. Ce sens du partage et de la fraternité, qui constitue l'ingrédient clé de l'unité du pays, se volatilise dès qu'il s'agit des relations entre les Québécois et les *Canadiens*.

Un État-nation blotti au sein d'une association civile. Une société obsédée par sa langue – dans un pays où les autres citoyens se préoccupent autant de la langue qu'ils parlent que de l'air qu'ils respirent. Chaque État engagé envers ses citoyens par un contrat différent. En théorie, c'est une situation impossible.

Peu importe. Les États modernes n'ont aucune obligation envers les théories politiques. Si le Canada pouvait fonctionner normalement, quelqu'un à l'esprit pratique pourrait demander que l'on se préoccupe de la théorie une autre fois.

Or on peut affirmer que le Canada se porte bien. Inutile de répéter les statistiques et les résultats des sondages qui démontrent que nous figurons parmi les meilleurs pays du globe.

La discussion pourrait s'arrêter ici, sauf qu'il y a un hic : les Québécois ne sont pas d'accord. Après cent cinquante ans d'efforts axés sur la reconnaissance du fait français dans nos structures constitutionnelles et dans nos pratiques politiques, les Québécois pensent toujours que le Canada se montre injuste envers eux. Il nous reste donc seulement trois solutions possibles : continuer à accommoder le Québec ; accepter le fait que le Québec ne sera jamais satisfait et prendre notre mal en patience ; ou demander au Québec de partir.

La question clé est de savoir si le Canada serait effectivement un meilleur endroit pour vivre s'il fallait le remodeler selon les spécifications du Québec. L'ennui est que l'on ne peut même pas poser convenablement la question, car les spécifications du Québec sont restées délibérément vagues. La force motrice de la politique du Québec n'est pas le séparatisme ni même une association clairement énoncée, mais l'exploitation permanente du problème de la langue et de la culture dans l'unique dessein d'augmenter son propre pouvoir politique et économique. Le règlement du conflit constitutionnel ne sera d'aucun profit au Québec. Sa reconnaissance en tant que société distincte ne serait que le point de départ d'un combat sans fin quant à la signification réelle de ce concept.

Peut-être devrions-nous accepter qu'il nous faudra vivre éternellement avec ce problème. Cette attitude se traduirait par des bénéfices évidents, et le fait qu'ils soient évidents constitue le premier argument en faveur du *statu quo*. Au moins, nous traitons avec un diable que nous connaissons. Le nationalisme du Québec crée peut-être une vaste gamme de problèmes, mais au moins ils nous sont familiers. Nous avons même mis au point un vocabulaire et un rituel pour pouvoir composer avec eux.

Cependant, je soutiendrai ici que les contradictions politiques sous-jacentes sont tellement fondamentales et d'une portée si considérable que nous ne devrions pas les supporter éternellement. Elles ne font qu'empoisonner le discours public dans le reste du pays, entraver le développement de relations harmonieuses entre les gens et les diverses régions du *Canada*, et je pense que tout le monde est d'accord pour dire que l'incertitude politique sous-jacente au débat a sérieusement nui à la prospérité économique de tous les *Canadiens*.

Si toutes les autres provinces du Canada, ou même la majorité, avaient une vocation ethnique comparable à celle du Québec, sans doute aurait-il été possible de concevoir un système politique – à l'image de l'Union européenne peut-être – en mesure de les rassembler dans une confédération

souple. Mais de toutes les autres provinces, seul le Nouveau-Brunswick s'est donné cette mission et l'a accomplie
avec aisance, en utilisant ses pouvoirs constitutionnels
existants. Aucune autre région ni province du Canada n'a
une telle mission ethnique. En fait, à l'extérieur du Québec,
les missions ethniques sont considérées comme tout simplement insupportables.

Un État-nation peut-il exister dans un plus grand pays
qui se consacre aux valeurs d'une association civile ? Il le
peut certainement, et 130 années d'histoire canadienne
peuvent en témoigner. Est-ce une bonne idée ? Plus maintenant. Cela conviendrait aux Québécois, mais pas au *Canada*. Il ne suffit pas simplement d'exister. Veiller au maintien et à l'amélioration d'une association civile *canadienne*
est un projet exaltant dans lequel il vaut la peine de nous
engager. Ce sera un exploit difficile – qui ne saurait se faire
avec le Québec.

CHAPITRE XIII

Le processus de la désinvestiture

Une rose dégage un parfum plus agréable qu'un chou, ce qui ne veut pas dire pour autant qu'elle fasse une meilleure soupe.

Les derniers chapitres de ce livre se présentent comme un test de la réalité. Une fois que les gens seront convaincus que la désinvestiture est, en théorie, une bonne idée, ils se demanderont ensuite si elle peut se réaliser. Certains ne manqueront pas de s'inquiéter au sujet des conséquences d'une séparation physique : « Les provinces de l'Atlantique vont-elles ressembler au Bangladesh ? » D'autres se demanderont si un *Canada* plus petit se traduira par un *Canada* plus pauvre ou craindront que le processus de séparation lui-même n'entraîne un déséquilibre économique. Beaucoup s'inquiéteront aussi à propos du déroulement du processus, du sort des anglophones et de celui des peuples autochtones du Québec. Et la question la plus importante entre toutes est : comment allons-nous convaincre la majorité des *Canadiens* et des Québécois que la désinvestiture ne peut que leur être profitable ?

Je répondrai à toutes ces questions pragmatiques. Dans un certain sens, elles sont plus faciles à traiter que la théorie sur laquelle elles se basent, car le mouvement séparatiste du Québec a déjà fait couler beaucoup d'encre sur les façons d'en arriver à la séparation et sur les coûts associés. Cette information reste pertinente, même si la situation est inverse.

Il ne saurait y avoir de réponses définitives. Une fois amorcé, le mouvement de la désinvestiture créera une nouvelle dynamique et inspirera des réactions imprévisibles de la part de ses adversaires. Cependant, en examinant la situation de plus près, vous découvrirez que la désinvestiture ne paraît pas présenter plus de difficultés ni créer plus d'incertitudes que les autres options actuellement en jeu. C'est une idée qui, dès le début, va générer l'accord significatif de la population et, si la majorité des Canadiens souhaitent qu'elle se concrétise, elle pourra assez facilement s'accomplir.

Comment la désinvestiture pourrait-elle influer sur l'économie canadienne ?

Personne ne peut calculer de façon précise les coûts et les bénéfices qu'entraînerait la désinvestiture sur le plan économique, de même que personne n'a jamais calculé les coûts associés à l'incertitude politique de ces vingt-cinq dernières années. Ce qui ne veut pas dire que personne n'a essayé. En réalité, il existe déjà une imposante littérature sur le mécanisme et les coûts qu'entraînerait la séparation. Depuis 1977, les camps du « Oui » et du « Non » du Québec ont commandé des dizaines d'études aux économistes, aux politologues et aux fonctionnaires afin de prouver soit que la séparation serait outrageusement chère, ou qu'elle ne coûterait pas un sou. Récemment, des universitaires d'autres régions du Canada ont produit de nombreuses analyses plus équilibrées. La conclusion après l'étude de toute cette documentation, c'est que le *Canada*, après la désinvestiture, devrait être plus prospère que maintenant.

Nous perdrons une province légèrement plus pauvre que le pays en entier, sur une base *par habitant*. En tant qu'unité économique, le Canada perdrait 25 p. 100 de sa population, mais son PNB ne diminuerait que de 23 p. 100. Autrement dit, le PNB par habitant augmenterait de 3 p. 100. Les revenus du gouvernement fédéral de même que l'actif du pays seraient réduits de seulement 21 p. 100 et les exportations, de 16 p. 100. Le Canada perdrait seulement 15 p. 100 de son territoire, et ce même si le Québec se séparait sans modifier ses frontières. Du point de vue de l'étendue territoriale, il deviendrait le cinquième pays en superficie du monde et demeurerait l'un des plus prospères, avec un des standards de vie les plus élevés[1].

Par ailleurs, plusieurs avantages économiques attendent le Canada si le Québec n'est plus dans le décor. Le livre du distingué économiste québécois Marcel Côté, *Le Rêve de la terre promise*[2], dans lequel il calcule les coûts de l'indépendance pour le Québec, constitue l'une des meilleures sources d'information à cet égard. L'auteur analyse près de 20 problèmes qui surviendront au moment de la séparation en associant un coût à chacun. Certains problèmes, reliés à la politique monétaire ou à la restructuration de la fonction publique, entraîneraient des coûts équivalents pour les deux parties. Par contre, d'autres, souligne-t-il, deviendront une source de bénéfices importants pour le *Canada*.

Les économies reliées aux paiements de transfert au Québec

Depuis la tenue du premier référendum, en 1980, plusieurs calculs ont été faits pour savoir ce que paient les Québécois pour obtenir des services du gouvernement fédéral. Les résultats ont joué un rôle crucial dans la formation de l'opinion publique au Québec face à l'indépendance. La majorité des Québécois justifient leur appartenance à la fédération par les bénéfices économiques qu'ils en retirent. S'ils payent plus de taxes à Ottawa qu'ils ne reçoivent de services, nous avons là un argument en faveur de la séparation. Si c'est l'inverse, les fédéralistes possèdent un bon argument pour persuader les Québécois de rester canadiens.

Tout cela est facile à expliquer, mais difficile à calculer. Quelle formule magique pourrait réussir à répartir les intérêts de la dette nationale entre les provinces ? Quelle province bénéficie des dépenses pour un soldat québécois et son avion basés en Alberta ? Sans oublier, bien sûr, que le déficit ou le surplus risque de varier un peu d'une année à l'autre.

Marcel Côté a examiné toutes les études qui touchent ce sujet et en est arrivé à la conclusion que le reste du Canada paie annuellement un excédent important au Québec. Les Québécois reçoivent tous les ans du gouvernement fédéral environ trois milliards de dollars en services qu'ils n'ont pas payés[3]. Tout le monde, sauf les analystes les plus partisans, avoue que c'est un chiffre très prudent[4]. Bref, chaque famille *canadienne* de quatre personnes paie actuellement au moins 600 $ par an de taxes fédérales pour subventionner le mode de vie des Québécois. Ces familles vont certainement trouver d'autres façons d'utiliser cette manne après la désinvestiture.

L'élimination des subventions versées au Québec

L'élimination de subventions accordées à l'industrie québécoise va entraîner aussi des bénéfices considérables. Marcel Côté a relevé qu'un certain nombre d'industries réglementées maintiennent artificiellement des prix plus bas à l'intention des consommateurs, parce qu'il existe un seul tarif pour tout le pays ou pour le Québec et l'Ontario. Par exemple, il calcule que, dans un Québec indépendant, le prix des télécommunications va augmenter d'environ 15 p. 100 et le prix du gaz naturel, de 10 p. 100[5]. Cela générera vraisemblablement des économies équivalentes pour les *Canadiens*.

Mais le plus important de ces bénéfices potentiels viendra d'un produit agricole en particulier, le lait, pour lequel les fermiers du Québec se voient imposer un quota qui représente environ 50 p. 100 de toute la consommation canadienne, à des prix gonflés artificiellement. Apparemment, les fermiers du Québec devraient s'attendre à une perte annuelle d'environ deux milliards de dollars si ce marché subventionné leur échappait[6]. Les consommateurs *canadiens* vont ainsi économiser un milliard de dollars s'ils achètent ailleurs leur lait au prix du marché. Si le *Canada* continue à offrir des subventions, au moins ce profit ira à sa propre communauté agricole.

La migration anglophone

Le *Canada* peut s'attendre à profiter d'un autre avantage substantiel, soit l'arrivée de dizaines de milliers d'immigrants hautement qualifiés en provenance du Québec.

En basant son analyse sur les caractéristiques de l'émigration au cours des vingt dernières années et sur les différents sondages d'intention, Marcel Côté estime que 200 000 à 300 000 anglophones et néo-Canadiens, ainsi que 50 000 francophones, pourraient quitter le Québec dans les deux ou trois années qui suivront l'indépendance[7]. Pour bien mettre l'ampleur de ce mouvement en perspective, il faut préciser que l'immigration au *Canada* tourne autour de 125 000 personnes par année. Il se pourrait que cet exode soit en partie compensé par les Canadiens francophones qui décident d'aller s'établir au Québec. Mais il est clair qu'il faut s'attendre à un solde migratoire nettement à l'avantage du *Canada*.

Ces immigrants seront d'un niveau de compétence très élevé. Armés de diplômes obtenus aux frais des contribuables du Québec, ils parleront anglais et seront déjà parfaitement intégrés à la vie politique et sociale du *Canada*, prêts à prendre part à la vie économique et à créer des emplois pour les autres. D'autres pays, en particulier les États-Unis, viendront certes se disputer ces immigrants, mais pourvu qu'il adopte des politiques pertinentes, le *Canada* devrait absorber la majorité d'entre eux. L'arrivée de ces immigrants créera une prospérité économique accrue dans les régions où ils choisiront de s'établir. Instinctivement, beaucoup de personnes penseront à l'Ontario comme lieu de résidence, mais avec des mesures incitatives, chaque région devrait aussi profiter de cet apport.

Les nouveaux sièges sociaux

Le *Canada* va également profiter de la croissance des investissements. La plupart des sièges sociaux des sociétés canadiennes ont quitté le Québec au cours des vingt-cinq dernières années. La désinvestiture favoriserait le déménagement des derniers en place. Marcel Côté étudie dix cas précis de grandes entreprises qui seraient prêtes à quitter la province advenant la séparation, notamment Air Canada, BCE, Canadien National, Imasco et Standard Life[8]. En réalité, la plupart des entreprises qui font des affaires dans le pays vont probablement juger nécessaire d'établir leurs sièges sociaux au *Canada*.

La fin de l'incertitude politique

Le bénéfice économique le plus important ne peut être chiffré de façon précise. L'enclenchement du processus de la désinvestiture va certainement s'accompagner d'une vive montée de l'incertitude politique. Mais, tôt ou tard, le processus prendra fin. La possibilité de régler une fois pour toutes les débats constitutionnels et la perspective de retrouver un pays à tout jamais débarrassé des querelles internes et de la menace de séparation auront un effet positif sur l'économie du *Canada* et sur sa position dans la communauté financière internationale. Nous devrons toujours nous montrer compétitifs, rester productifs et maintenir des politiques monétaires et fiscales raisonnables, mais au moins le handicap de l'incertitude politique aura disparu.

Au moment de l'élection du premier gouvernement séparatiste au Québec, en 1976, le dollar canadien équivalait à un dollar américain. Actuellement, les Américains peuvent acheter un de nos dollars pour moins de 70 cents. Les fluctuations dans le prix du zinc ne peuvent à elles seules expliquer cette dévaluation de 30 p. 100 sur une période de vingt ans. Les économistes ne s'entendent pas sur la question des coûts reliés à l'incertitude politique au Canada depuis ces deux dernières décennies. Personne n'ira pourtant jusqu'à prétendre que cela n'a rien coûté.

Bref, il est probable que le jour suivant l'avènement de la désinvestiture, nous découvrirons, au saut du lit, que le *Canada* a rapetissé, qu'il est devenu un peu plus prospère et moins taxé. Nos zones de libre-échange n'auront pour ainsi dire pas changé et nous aurons le bonheur de voir arriver des milliers d'immigrants très compétents qui ne demanderont qu'à travailler avec nous pour profiter des possibilités que le pays leur offre. La menace de la séparation du Québec n'existera plus.

Tout compte fait, les conséquences économiques qu'entraînerait la désinvestiture représentent un bénéfice substantiel pour le *Canada*. Elles ne justifient pas le projet, lequel repose entièrement sur une incompatibilité politique. Nous ne le faisons pas pour de l'argent. Mais cette analyse pourra rassurer ceux qui craignent que le *Canada* se trouverait pour toujours affaibli si le Québec n'était plus membre de la fédération.

Chapitre XIV

Le reste du pays va-t-il se morceler ?

Quelques Canadiens ont exprimé des craintes relativement au risque de morcellement du reste du pays si le Québec se séparait. C'est une hypothèse comme une autre, bien sûr, et les analystes ne s'entendent pas sur ce sujet. Cependant, si nous, *Canadiens*, optons pour la désinvestiture, il n'y aura aucune possibilité de morcellement. Nous y procéderions parce que nous croyons tous que le *Canada* a un nouveau et meilleur projet qui exige que le Québec sorte de la fédération. La décision de rester ensemble précède celle de demander au Québec de partir.

Néanmoins, vu que ceux qui s'opposent au projet vont invoquer constamment la possibilité d'un morcellement, il serait utile d'examiner plus en détail leurs inquiétudes. Elles gravitent autour de trois perceptions.

La première inquiétude est d'ordre métaphysique. Il existe encore des Canadiens qui croient que leur pays n'est rien de plus qu'un engagement moral entre les Français et les Anglais et que le Québec est l'une des parties contractantes. Il ne faut donc pas s'étonner que ces personnes posent l'équation suivante : sécession du Québec égale désintégration du Canada. Il n'en est rien, bien sûr, et si vous cherchez une fois pour toutes à vous en assurer, il suffit de consulter le jugement de la Cour suprême d'août 1998 sur la sécession unilatérale[1]. Le jugement indique clairement que le Québec peut quitter la fédération – et que la fédération continuera à mener ses affaires comme avant. Il décrit même comment les structures fédérales pourraient être adaptées pour s'accommoder de ce départ. Sur le plan constitutionnel du moins, le pays ne va certainement pas se démembrer si le Québec décide de partir.

La deuxième inquiétude est que le départ du Québec créera un trou en plein milieu du pays. Que se passera-t-il quand les provinces de l'Atlantique seront physiquement séparées du reste du Canada ?

Il s'agit là d'un problème qui relève plus de la psychologie que de la géographie. Il est absurde de penser que les Québécois pourraient construire un mur autour de leur nouvelle nation. Dans le monde entier, des gens doivent traverser d'autres pays pour entrer dans le leur. L'Alaska en est une preuve évidente, et tous les jours des Américains de Buffalo empruntent l'autoroute 401 (en Ontario) pour se rendre à Detroit. Prenez une carte et regardez la frontière qui sépare actuellement les provinces de l'Atlantique du Québec : elle s'étend sur 250 kilomètres entre le Nouveau-Brunswick et la Gaspésie, et sur quelque 2 000 kilomètres entre le Labrador et le Nord-du-Québec. Ce ne sont pas des lieux de passage fréquentés et nos voyages entre les deux régions nous obligent rarement à traverser ces limites territoriales. Les trains qui partent tous les soirs de Montréal pour se rendre à Saint John, au Nouveau-Brunswick, passent par Sherbrooke, ma ville natale, puis roulent paisiblement à travers les forêts du Maine.

De plus, la plupart de nos communications ne se font pas par la route de nos jours. Le lendemain de la désinvestiture, la vue de la fenêtre d'une cuisine d'Halifax sera toujours la même. Non seulement les autos, les autobus, les camions et les trains de marchandises continueront-ils de circuler comme avant, mais il faudra toujours 133 minutes pour se rendre à Toronto en avion. Les bateaux navigueront encore sur le Saint-Laurent, les appels téléphoniques à Winnipeg coûteront toujours vingt cents par minute. Internet et le courrier électronique seront de plus en plus rapides et faciles à utiliser que maintenant. Les choses ne changeront pas beaucoup, et nous n'aurons pas à nous sentir différents.

Pour ajouter une note rassurante, notons que le politologue Robert Young a découvert que la séparation physique des provinces de l'Atlantique ne sera pas totale[2]. En effet, sur l'île de Killinek, au-delà de la pointe nord du Labrador, Terre-Neuve partagera toujours une frontière terrestre de huit kilomètres de long avec le Nunavut.

La troisième inquiétude, plus sérieuse celle-là, des personnes qui appréhendent le morcellement du pays est de voir le Canada se changer en véritable « château de cartes ». Ils craignent que si le Québec se retire de la fédération, les fanatiques de séparatisme de la Colombie-Britannique et d'ailleurs surgiront de partout et causeront la désintégration totale du pays. D'autres variantes, plus modérées, de ce scénario, veulent que la sécession entraîne la déstabilisation du pays en créant des incitations à changer l'équilibre des pouvoirs. On prétend que des pressions pourraient être exercées dans le but de créer, selon les perspectives, un pays plus centralisé ou moins décentralisé. Et comme s'il n'y avait pas assez de sujets d'inquiétude, certaines personnes vont jusqu'à croire que l'immense bloc de l'Ontario dans ce qui restera du Canada risque de causer un sérieux déséquilibre dans tout le pays.

Pour ce qui est de l'Ontario, il vaut la peine de souligner que s'il devient plus important dans un *Canada* sans le Québec, il en sera de même pour le reste du pays. Quant au « Canada central », cette perfide éponge de patronage – et des ressources de l'Ouest –, il va diminuer. Voici quelques chiffres[3].

Poids démographique approximatif des régions

(pourcentage de la population canadienne totale, en 1992)

Région	Actuellement	Après la désinvestiture
Provinces de l'Atlantique	8,5 %	11,3 %
Provinces de l'Ouest	29,3 %	39,3 %
Ontario	36,5 %	49,3 %
Québec	25,6 %	0 %
«Canada central» (Québec et Ontario)	62,1 %	49,3 %

On le voit, la désinvestiture va donner une importance accrue à chacune des régions du *Canada*.

Un grand nombre d'éminents politologues se sont penchés sur différents scénarios en vue de savoir comment le *Canada* pourrait se reconstituer – ou tomber en morceaux – sans la présence du Québec[4]. Robert Young nous présente tout un catalogue de possibilités dans deux chapitres de son livre *La Sécession du Québec et l'Avenir du Canada*. Cela va d'un État unitaire à la création de neuf nouveaux États américains, en passant par une décentralisation et un régime confédéral[5].

Bien qu'elles soient intéressantes, ces analyses ne sont en fait que des conjectures par trop complexes. Dans un document destiné à l'Institut C. D. Howe, Alan Cairns les passe en revue et conclut que « les points de vue sur les possibilités de survie du reste du Canada, de sa structure constitutionnelle et de sa cohésion n'ont pas grand-chose en commun si ce n'est une tendance à se contredire mutuellement[6] ».

De toute manière, aux fins de la désinvestiture, il n'est pas nécessaire de nous faire une opinion sur ces questions. Si le Québec prend l'initiative et décide de se séparer, nous nous retrouverons face à une crise que nous n'aurons pas causée. Nous devrons absolument réagir. D'un autre côté, la désinvestiture est liée à notre conviction commune qu'ensemble nous pouvons avoir un avenir sans le Québec. Faire sortir le Québec de la fédération constitue la première étape du processus de renouvellement de notre engagement envers notre association civile. Avec la désinvestiture, rien ne nous est imposé de l'extérieur. C'est une décision que nous devons prendre nous-mêmes, décision qui sera précédée par l'engagement de rester ensemble, en vertu d'une même vision du Canada et de son avenir. Lorsque viendra le moment de décider de la désinvestiture, les habitants des Maritimes oublieront leurs craintes au sujet de la frontière du Québec, et la dimension de l'Ontario fera simplement l'objet de débats publics sur la réforme constitutionnelle.

Prétendre que l'existence du *Canada* dépend de la présence du Québec traduit une vision limitée de notre pays. Je pense que cette prémisse ne résistera pas à une analyse minutieuse ; en pratique, je sais qu'elle ne pourra résister à la détermination des *Canadiens* qu'il en soit autrement.

Lorsque nous voterons pour la désinvestiture, nous ne réagirons plus aux ultimatums des séparatistes du Québec. Nous n'aurons plus besoin de spéculer sur notre avenir, car nous l'aurons pris en main. Quand viendra le moment des négociations, nous serons prêts. Nous n'aurons pas besoin de savoir à l'avance si le *Canada* deviendra plus ou moins centralisé, plus conservateur ou libéral. Nous ne ferons que réaffirmer notre engagement envers notre association civile, enfin libérée des contraintes du nationalisme ethnique. Quant à savoir comment nous allons nous organiser à l'intérieur de ce cadre, le débat ne s'amorcera qu'une fois la désinvestiture réalisée. Ce débat concernant le rôle de l'État dans notre vie quotidienne découlera d'une « conversation » permanente entre tous les citoyens du *Canada*.

Comme le dit Young, après la désinvestiture, le *Canada* deviendra «[une entité] économiquement viable[7]». Ce sera également un pays très viable.

CHAPITRE XV

L'avenir des anglophones au Québec

Que deviendront les anglophones au Québec ? En toute bonne conscience, peut-on jeter les anglophones du Québec dans la gueule des loups séparatistes, les isoler et peut-être même les dépouiller de leur citoyenneté ? Ces questions ne manqueront pas de traverser l'esprit de tous les *Canadiens* de bonne volonté lorsque viendra le moment de soupeser les mérites de la désinvestiture. Elles intéresseront plus particulièrement les 215 000 Québécois anglais qui ont déjà quitté la province et bien d'autres *Canadiens* dont les ancêtres, les parents ou les voisins ont déjà vécu au Québec.

Une chose est certaine, les Québécois anglophones ne se rallieront pas tous instinctivement au projet. Ils auront en tête plusieurs sujets d'inquiétude, comme la chute possible du prix des maisons et des entreprises ou le départ de leurs amis. En 1991, après que deux universitaires de Calgary eurent avancé que ce serait une bonne idée que le Québec se sépare, le rédacteur en chef de la *Gazette* de Montréal a fait paraître un article dans lequel il suggérait, en plaisantant à moitié, qu'on devrait les tuer[1].

En admettant que les Québécois anglais appuient la désinvestiture, ils devraient, logiquement, voter « Oui » au prochain référendum sur la séparation. Il ne faut pourtant pas s'y attendre. Mais, en contrepartie, nous avons le droit de leur demander : « Quelle autre option proposez-vous ? Et quels sont vos plans et ceux de vos enfants en ce qui concerne l'avenir de votre communauté au Québec ? » À quelques exceptions près, je pense qu'ils n'en ont pas.

J'ai la forte impression que plus personne parmi les anglophones du Québec ne croit à l'avenir de cette communauté. Certes, beaucoup continueront à vivre au Québec et s'y plairont. J'en fais partie. Mais il est presque impossible de trouver une famille anglophone dont les enfants sont restés et envisagent de rester au Québec. De plus, les anglophones du *Canada* ne consentent à déménager au Québec que si leur emploi le leur impose ou s'ils veulent poursuivre leurs études.

On a parlé de répartir et de séparer les régions anglophones de la province pour en faire une nouvelle unité politique, en cas d'indépendance du Québec. En théorie, il n'y a rien de mal à cela. Mais qui nous fera croire que beaucoup d'anglophones accepteraient de laisser la politique envahir plus de la moitié de leur vie quotidienne pendant encore cinq ou dix ans? C'est pourtant le genre d'engagement qu'on exigerait pour accomplir la partition. Par exemple, personne n'a encore même pensé à élaborer une politique linguistique appropriée aux minorités de ces nouvelles régions. La solution de rechange est trop facile: il suffit de s'installer à quelque 80 kilomètres au sud, à l'est ou à l'ouest.

Il n'existe aucun projet pour revitaliser de l'intérieur la communauté anglophone. Les francophones du Québec ne désirent pas qu'elle se réalise et personne à l'extérieur du Québec (y compris le gouvernement fédéral) ne semble intéressé à venir à leur rescousse. Chaque année, le mouvement d'émigration effrite davantage cette communauté.

Il serait utile d'étudier de plus près les Québécois anglais pour bien comprendre la situation, sans compter que cela nous aidera aussi pour une autre raison. Nous découvrirons qu'en fait il n'y a aucune communauté de langue anglaise au Québec. Le merveilleux refus d'en former une, en dépit des efforts forcenés et inlassables de l'élite anglophone et francophone, est un paradigme éloquent de toutes les justifications de la désinvestiture.

Les millions de *Canadiens* qui vivent et travaillent en anglais dans les autres provinces s'intéressent à beaucoup de choses, sauf à leur « communauté de langue anglaise ». Ils ne cherchent pas à se réunir pour découvrir ce qu'ils ont en commun avec ceux qui parlent leur langue. Ils ont d'autres choses plus intéressantes à faire.

Les anglophones du Québec réagissent de la même manière. Pourtant, en 1977, on les avait prévenus qu'il fallait que ça change. Le gouvernement séparatiste nouvellement élu avait conçu un *projet de société*[*] qui se fondait sur le principe « d'être francophone », et, pour qu'il puisse être réalisé, il leur fallait une communauté anglophone, histoire de créer un pendant et de s'inventer un ennemi. Quelques dirigeants anglophones de bonne foi ont donc entrepris de mettre sur pied cette communauté totalement artificielle, mais leur projet a échoué. Leurs successeurs, encore à ce jour, perpétuent leurs efforts en dépit du refus tout aussi déterminé de la part des anglophones du Québec de les appuyer.

La recherche de leadership pour ce projet a commencé officiellement en 1982 avec la création d'Alliance Québec, une association qui représenterait officiellement les anglophones du Québec[2]. Au fil des années, ses présidents et directeurs, notamment Michael Goldbloom, Eric Maldoff, Royal Orr, Robert Keaton, Alex Paterson, William Johnson et moi-même, se sont proposés comme leaders de cette communauté. Nous n'étions pas seuls, le Parti libéral du Québec a apporté sa contribution. Il a fait élire des représentants dans des circonscriptions à prédominance anglaise et les a encouragés à parler au nom des Anglais, en l'occurrence : Richard French, Clifford Lincoln, John Ciaccia, Herb Marx, moi-même avec un autre statut, sans compter ceux qui ont suivi. Des groupes de protestation anglophones ont vu le jour, puis ont disparu : le plus récent, le Quebec

---

[*] En français dans le texte original.

Political Action Committee, est dirigé par Howard Galganov. On a créé de nouveaux partis politiques à l'intention des anglophones : Freedom of Choice dirigé par le docteur David DeJong, en 1978, et le Parti Égalité, en 1989, avec, à sa tête, Robert Libman d'abord, et Keith Henderson, actuellement.

Les Anglais du Québec ont eu beaucoup de chefs, mais pas suffisamment de partisans. Ils ont systématiquement refusé toute association forcée à quelque projet que ce soit, sauf à la préparation de mémoires sur la législation linguistique à l'adresse de l'Assemblée nationale du Québec. Comme un *statu quo* dans ce dossier semble régner depuis longtemps, il est presque impossible aujourd'hui d'obtenir un quorum pour une réunion représentative des anglophones dans la province de Québec.

Bien sûr, il y a beaucoup de personnes qui parlent anglais au Québec et qui font partie de diverses « communautés ». Mais quand il s'agit de les inviter à consacrer leurs temps libres à la « Fraternité des anglophones », leur réaction est peu enthousiaste. Pour mieux comprendre ce problème, voyons quelques-unes des caractéristiques de la population anglophone du Québec :

• À Westmount et dans le « Square Mile » de Montréal se trouvent les descendants des Anglo-Saxons qui, selon la légende, dirigèrent le Québec au XIXe siècle et dans la première moitié du XXe.

• À Laval et à Montréal, en particulier à NDG, Verdun, Lachine et dans la partie ouest de l'île, se trouvent des milliers d'anglophones d'origine modeste, de classe moyenne et des cols bleus, dont certains vivent dans la pauvreté. Leur lien commun est d'être nés, ainsi que, dans l'ensemble, leurs parents, au Québec.

• Il existe aussi une importante communauté juive qui parle anglais. Elle est concentrée à Côte-Saint-Luc et ses membres habitent dans la partie ouest de l'île de Montréal.

• Les communautés rurales anglophones sont disséminées dans le Québec où quelques villes sont majoritairement
anglaises, comme Aylmer, Lennoxville et Blanc-Sablon.

Les membres de ces quatre premiers groupes représentent *les anglophones de souche** comme les appellent les dirigeants politiques du Québec. Cependant, il s'agit là seulement du début de notre « bottin mondain » anglophone.

• Il existe, à Montréal, une communauté noire assez
importante qui parle anglais. Ce sont des gens originaires
des Caraïbes dont un grand nombre sont des Canadiens de
troisième et quatrième génération.

• À Montréal, et dans une moindre mesure dans le reste
du Québec, des immigrants de première génération originaires
d'Europe, d'Asie et d'Amérique latine utilisent l'anglais.

• La majorité des autochtones du Québec utilisent
l'anglais comme leur première ou seconde langue.

• Des milliers de Québécois de langue maternelle
française parlent toujours ou presque en anglais. Il existe
également des milliers de personnes qui parlent français
chez eux, mais qui utilisent énormément l'anglais dans leur
vie quotidienne.

• Dans l'ouest de l'île de Montréal, plusieurs communautés se composent de centaines de cadres d'entreprise, de
techniciens venus d'autres régions du Canada, des États-
Unis et d'Europe qui parlent anglais et qui ont été mutés à
Montréal pour une période indéterminée.

• Au centre-ville de Montréal, des milliers d'étu-
diants anglophones venus de tous les pays du monde fréquentent les collèges et les universités.

• Il y a aussi beaucoup de professeurs, d'artistes et de
journalistes anglophones qui se sont laissé attirer au Québec pour diverses raisons.

• Dans ces trois dernières catégories, il faut compter
les conjointes anglophones et, de plus en plus, des conjoints

---

* En français dans le texte original.

qui ont rejoint leurs partenaires au Québec, accompagnés parfois de leurs enfants.

Pour compliquer les choses, il faut souligner que la plupart de ces anglophones utilisent chaque jour le français, certains même la plupart du temps, mais d'autres pas du tout, tandis que d'autres parlent régulièrement une autre langue, comme l'inuktitut ou l'italien. Précisons que la plupart de leurs préoccupations quotidiennes ne concernent pas la question de la langue.

Toutes ces personnes forment l'essentiel des anglophones que Statistique Canada a recensés en 1996[3]. Il est totalement absurde d'imaginer que l'on pourra les réunir en une communauté qui a une vision commune de sa langue et de sa culture. Elles ne voudraient même pas répondre au téléphone. Et pourtant, dans l'esprit de l'élite francophone du Québec, ce sont *les Anglais**, qui ont leur siège social à Ottawa et dont la succursale est située à Westmount. Rien ne pourra changer la vision des francophones à l'égard de cette « collectivité », et jamais « les Anglais » n'accepteront de s'y conformer. C'est le dilemme québécois. En miniature, c'est aussi le dilemme canadien.

Quel sera l'avenir de ces Québécois anglophones après la désinvestiture ? Nous pouvons tout de suite leur assurer qu'ils resteront toujours des citoyens *canadiens* et qu'ils pourront faire renouveler leur passeport le reste de leur vie. Ils pourront aussi demander des passeports *canadiens* pour leurs enfants. Ils profiteront ainsi du meilleur des deux mondes. Leur passeport leur donnera la possibilité de se rendre dans n'importe quelle partie du pays, en tout temps. Ils pourront aussi renoncer à leur citoyenneté *canadienne* et obtenir le passeport québécois, auquel cas ils pourront présenter une demande pour vivre au *Canada* selon les mêmes conditions que les Américains. Très probablement, ils seront encore les bienvenus s'ils décidaient de rester et de travailler au Québec.

---

* En français dans le texte original.

Quelle vie va-t-on réserver aux anglophones dans un Québec indépendant ? Le premier gouvernement souverain se retrouvera déchiré entre deux choix. De fortes pressions seront exercées en vue de renforcer l'identité française du nouveau pays comme cela n'a jamais été permis dans le cadre de la Constitution fédérale : accès plus restreint à l'éducation en anglais, interdiction d'utiliser l'anglais dans la législature. On assistera, en même temps, à un redoublement des efforts pour encourager les anglophones à rester au Québec, afin que le nouveau gouvernement conserve toute sa crédibilité sur la scène internationale. L'histoire nous amène à croire que, lorsqu'ils sont en présence de vues diamétralement opposées sur un sujet délicat, les politiciens prudents ont tendance à ne rien faire. Le scénario le plus plausible est que les lois linguistiques et tous les éléments des politiques ethniques qui caractérisent la vie au Québec resteront les mêmes, du moins pendant les premières années du régime.

Par conséquent, la réaction des Québécois anglophones à la désinvestiture dépendra grandement de la façon dont ils évaluent leur situation présente. En gros, cinq positions très différentes trouvent de nos jours un appui significatif.

L'assimilation. Un certain nombre d'anglophones sont déjà sur le point de s'assimiler à la communauté francophone. Il s'agit des personnes de langue maternelle française, de quelques membres des communautés rurales, ainsi que de quelques nouveaux immigrants dont un certain nombre de professionnels anglophones. Advenant la désinvestiture, il est probable que beaucoup d'entre elles choisiront de rester au Québec et que quelques-unes deviendront des citoyens québécois. J'estime qu'environ 10 p. 100 de la communauté anglophone, donc 70 000 personnes en gros, sont en voie d'assimilation[4].

La collaboration. Les gens qui adoptent cette attitude ne s'assimileront pas. Mais ils éprouvent beaucoup de sympathie envers le nationalisme québécois et pensent que la législation linguistique, à quelques détails près, est raisonnable. Ils aiment vivre au Québec et sont confiants qu'un Québec indépendant ne sera pas tellement différent. Ce groupe se compose d'universitaires, de journalistes et de membres importants de la communauté de Westmount, de même que des membres anglophones du Parti libéral du Québec. Leurs critiques les ont surnommés les « agneaux ». En cas de désinvestiture, la plupart conserveront la nationalité *canadienne*. Ils auront confiance en la générosité de la majorité francophone de leur nouveau pays. On peut donc s'attendre à ce qu'ils choisissent de rester au Québec, contrairement à leurs enfants probablement. Cette catégorie comprend environ 35 000 anglophones, soit 5 p. 100 du total.

La confrontation. Cette attitude réunit les personnes qui s'opposent férocement aux lois régissant la langue et au nationalisme du Québec et qui pensent que quelqu'un, le gouvernement fédéral peut-être, « devrait faire quelque chose ». Les « agneaux » les surnomment les « extrémistes ». Elles ont créé des groupes de protestation et des partis politiques voués à la protection des « droits des anglophones » au cours des deux dernières décennies et, en 1998, elles ont réussi à ravir le contrôle d'Alliance Québec des mains de ceux qui croyaient à la collaboration. Beaucoup de leurs membres appartiennent à la communauté juive et à celle des anglophones de classe moyenne de NDG et de l'ouest de l'île (West Island). Ce groupe prône avec force la partition. Il sera difficile de les convertir à l'idée de la désinvestiture, mais la plupart ne resteront pas dans un Québec indépendant. Il représente un autre 5 p. 100, soit 35 000 personnes.

L'exode. Un grand nombre d'anglophones sont déjà en train de planifier leur exode. Beaucoup d'entre eux ont moins de 40 ans. Certains partiront sitôt qu'ils auront terminé leurs études ou que leur emploi au Québec prendra fin. D'autres en sont à différents stades de préparation de leur départ. Les membres de ce groupe pourraient approuver le projet de la désinvestiture, et ils refuseront catégoriquement de vivre dans un Québec indépendant. Ils sont 140 000 et constituent 20 p. 100 de la population anglophone.

L'inquiétude. La majorité des Québécois anglais ne s'associent ni au nationalisme du Québec ni aux réactions des anglophones. Ils sont trop occupés à mener leur vie active pour participer au débat. On les trouve dans toutes les communautés anglophones, particulièrement dans le monde des affaires. Ils s'inquiètent au sujet de l'éventuel démembrement du pays et des répercussions possibles sur leur vie et celle de leur famille. Ils ne voient pas, pas plus qu'ils n'en proposent, de solution. Ces personnes « inquiètes » ne comptent pas quitter la province pour le moment, mais il se pourrait qu'elles le fassent après la désinvestiture. Il s'agit du groupe le plus important, qui compte près de 40 p. 100 (280 000 personnes) de la communauté anglophone. La majorité des « allophones » du Québec dont la langue maternelle n'est ni le français ni l'anglais se définirait aussi de cette façon.

Le projet de désinvestiture est, je le reconnais, une proposition déchirante pour les Québécois anglais. Ceux qui se sont profondément engagés dans la collaboration s'y opposeront avec force, car, pour eux, le débat sur l'unité est une bonne chose pour nous tous, sans compter qu'ils aiment vivre au Québec. Les personnes fortement engagées dans la confrontation s'y opposeront tout autant, étant donné qu'elles croient que le gouvernement fédéral devrait mettre un terme aux politiques nationalistes du Québec. Ces deux groupes englobent environ 70 000 personnes, soit près de 10 p. 100 de la communauté anglophone.

Le reste de la population non francophone du Québec va écouter avec intérêt les arguments en faveur de la désinvestiture et ces personnes y réfléchiront à deux fois lorsqu'elles considéreront les choix limités que leur offre le Québec si elles souhaitent y vivre dans leur propre langue. Certains décideront de s'assimiler à la majorité francophone. Un grand nombre, je pense, seront stimulés par la possibilité – pour eux ou leurs enfants – de vivre dans une fédération *canadienne* revitalisée.

CHAPITRE XVI

Comment allons-nous négocier la désinvestiture ?

Il est difficile de prévoir entièrement le processus de négociations des termes de la désinvestiture. Tout le monde voudra certainement dire son mot durant le débat : les chroniqueurs de presse, les animateurs de télé, les spécialistes de la Constitution, les groupes de réflexion, les groupes d'intérêts, les leaders des communautés, les humoristes et les politiciens, et leurs points de vue influenceront certainement l'opinion publique. Jeffrey Simpson aura également son mot à dire sur cette question, comme Brian Tobin et Phil Fontaine. Cependant, depuis ces quatre dernières années, et grâce au résultat serré du référendum de 1995, les analyses sérieuses des politologues canadiens ont pavé la voie du processus qui mènera à la sécession et paré aux conséquences qui en résulteraient. Pour le propos de ce chapitre, je me référerai à trois ouvrages principaux :

• *La Sécession du Québec et l'Avenir du Canada*, de Robert A. Young[1]. Young est professeur de science politique à l'Université de Western, Ontario. Son livre couvre la plupart des études sur ce sujet parues avant la rédaction de son livre.

• *The Secession Papers*, publié par l'Institut C. D. Howe de Toronto[2].

• *Sommaire des études sur la restructuration administrative*, publié par le gouvernement du Québec[3]. Il s'agit d'une étude complète des conséquences de la séparation pour le secteur public du Québec.

La décision des Canadiens de mettre le projet en marche va simplifier les scénarios décrits dans ces documents, lesquels présument que le Canada se rebiffera devant un ultimatum du Québec qui serait appuyé par un vote important en faveur de la séparation. D'un autre côté, selon mon hypothèse, c'est le Canada qui prend l'initiative du projet, et le Québec qui accepte l'idée. Les deux parties ont donc le même objectif.

Aucune association politique

Le point de départ, absolument non négociable, des pourparlers menant à la désinvestiture est qu'il n'y aura aucune sorte d'association politique entre les deux pays. C'est notre ferme conviction que les valeurs politiques du Québec ne sont pas compatibles avec celles du *Canada* qui nous a incités à entreprendre notre projet de désinvestiture. Cette conviction est notre unique motivation, et je tiens à ce que ce soit bien compris.

Cela signifie que les objectifs de certains Québécois quant à la création une confédération dans laquelle deux nations partageraient *d'égal à égal** quelques institutions politiques restructurées ne sauraient nous servir de point de départ. Car il n'y aura aucune association. À part le principe en question, il n'y a aucune raison valable qui justifie que le *Canada* partage le pouvoir politique avec le Québec sur quelque base que ce soit, sauf si ce dernier constitue l'une des dix provinces, une idée qui a été clairement et maintes fois rejetée par tous les membres de l'élite francophone de cette province. La structure de la nouvelle relation entre le Québec et le *Canada* sera essentiellement la même que celle des relations avec les États-Unis ou le Mexique. Dans un des textes de *The Secession Papers*, le politologue Richard Simeon analyse quatre types de relations

---

* En français dans le texte original.

susceptibles d'exister entre un Québec indépendant et le *Canada*, y compris un système confédéral, et il conclut que « la relation la plus probable entre un Québec indépendant et le reste du pays engloberait des liens entre deux États, même s'il s'agit de pays qui partagent un continent et un vaste éventail d'intérêts communs[4]». C'est exactement ce que nous voulons, rien de plus.

En ce qui a trait à nos échanges commerciaux, d'importants changements auront lieu, mais ils ne seront pas critiques. Ainsi, le Québec ne fera plus partie de l'union économique du Canada. Par contre, il fera partie de l'Accord de libre-échange nord-américain (ALENA) et deviendra un membre de l'Organisation mondiale du commerce (OMC). Nous appuierons même sa candidature. Le commerce avec le Québec ne sera ni plus ni moins compliqué que le commerce avec les États-Unis.

Une fois ces deux principes bien établis, il faudra négocier un certain nombre d'autres questions importantes. Young les relève et les décrit dans son livre de 296 pages. Nous nous contenterons ici d'en faire un survol[5]. L'auteur fait remarquer qu'il y a en fait peu de questions en jeu. Il en repère 16 et estime qu'elles pourraient se régler assez rapidement, « en l'espace de quelques semaines », bien que cela risque de prendre plus de temps si l'on veut peaufiner tous les détails. Tout le processus de désinvestiture devrait donc être terminé en l'espace d'un an à un an et demi.

Une équipe de négociateurs sera créée du côté fédéral, laquelle sera entièrement composée de membres du Parlement et de fonctionnaires qui ne viennent pas du Québec.

1. Les Forces armées

La première priorité sera d'assurer l'ordre. Les membres des Forces armées devront avoir le droit de choisir leur pays d'allégeance et se rappeler leurs responsabilités envers la Couronne ou envers le chef d'État du Québec, selon le cas. Les équipements de l'armée devront être divisés.

2. Les frontières

Young soutient que le Québec doit devenir un État souverain avec ses frontières actuelles. « Aucune autre solution n'est possible dans le cadre d'une sécession expéditive et pacifique. » C'est au gouvernement du Québec d'assurer la paix avec les différents mouvements en faveur de la partition qui risquent de surgir sur son territoire. En cas d'échec et si certains de ces groupes demandent à entrer au *Canada*, il faudra les écouter. Mais le *Canada* ne les encouragera pas. Les *Canadiens* seront prêts à en assumer les conséquences, dans la mesure où cela concerne les mouvements de partition qui sont apparus dans les régions de Montréal et de l'Outaouais depuis 1995. Quant à la question des autochtones, c'est un sujet beaucoup plus compliqué.

3. Les peuples autochtones

Le statut, les droits et les responsabilités des peuples autochtones du Canada font l'objet de débats qui durent depuis de nombreuses années et qui vont continuer, avec ou sans la désinvestiture. La question de la sécession ne sera qu'un autre sujet parmi un univers d'autres problèmes, lesquels ont trait au statut et à la continuité des traités déjà existants, aux revendications territoriales, à la reconnaissance du droit à l'autonomie gouvernementale et à la gestion des fonds et des programmes destinés aux autochtones.

À l'examen des options offertes, on conclut que le *Canada* devra transférer son autorité sur les peuples autochtones établis au Québec à ce nouveau pays qui devra à son tour leur donner de sérieuses garanties. Ce transfert de pouvoirs inclura également un certain nombre d'accords entre les deux pays en vue d'assurer la mobilité de tous les autochtones et d'accorder le droit à la citoyenneté *canadienne* à tous. Ces négociations se dérouleront dans un climat de fortes pressions exercées par les groupes autochtones et la communauté internationale, et le débat plus large sur les droits des autochtones se poursuivra indéfiniment dans les deux pays.

4. Le droit de passage

Le *Canada* obtiendra la liberté de circulation absolue pour les biens et les personnes, y compris les militaires, qui veulent se déplacer par voies terrestre, maritime et aérienne entre les provinces de l'Atlantique et le reste du *Canada*.

5. La dette

La formule du partage de la dette canadienne a été discutée en long et en large au Québec, plus particulièrement durant les débats référendaires, en 1980 et en 1995. Le Québec propose un partage qui varie de 18,5 p. 100 à 32 p. 100 de la dette. Les deux parties s'entendront tôt ou tard sur un chiffre équivalant à la part québécoise de la population canadienne, soit environ 25 p. 100.

Young fait remarquer que le problème le plus difficile sera de déterminer la façon dont se feront les paiements, étant donné que cette dette se compose d'obligations du gouvernement du Canada qui ont différentes dates d'échéance et s'accompagnent d'exigences quant au versement des intérêts annuels. Il propose un certain nombre d'options pour résoudre ce problème.

6. Les actifs

Le gouvernement fédéral possède des milliards de dollars de biens matériels de toutes sortes disséminés dans tout le pays, de même que des avoirs en or et en devises étrangères.

Les avoirs seront distribués sur une base *per capita*, tout comme le matériel militaire, c'est-à-dire les navires, les chars et les avions qui sont transportables et qui, dans certains cas, sont situés à l'extérieur du pays. La propriété des autres biens physiques dépendra de leur emplacement. Le *Canada* disposera des édifices du Parlement. Le Québec acquerra les plaines d'Abraham.

Il faudra redéfinir l'autorité de la Voie maritime et confirmer de nouveau le libre accès des trois partenaires. De plus, le *Canada* obtiendra, par le biais d'un traité, l'accès aux ports de Montréal et de Québec, étant donné qu'il y va de l'intérêt des deux parties.

7. Les problèmes environnementaux

Des accords conjoints seront élaborés, certains dans le cadre de structures existantes telles que l'ALENA et la Commission mixte internationale.

8. La citoyenneté

Les Québécois disposeront d'une période de transition, sans doute de deux ans, durant laquelle ils seront libres de choisir leur citoyenneté. Ils devront renoncer à la citoyenneté québécoise pour pouvoir conserver leur citoyenneté *canadienne*. Actuellement, la double citoyenneté est, dans certains cas, autorisée au Canada. Toutefois, étant donné le grand nombre de personnes que touchera la désinvestiture et les droits octroyés aux citoyens, y compris le droit de vote, la double citoyenneté ne sera pas permise dans le cas de la désinvestiture. Les enfants des Canadiens nés au Québec après l'indépendance auront le droit de demander la citoyenneté *canadienne*.

9. La liberté de circulation et l'immigration

Pendant la période de transition de deux ans, tous les Québécois seront libres de travailler au Canada. Après cette période, ceux qui auront choisi la citoyenneté *canadienne* auront le droit de circuler au *Canada* en tout temps et de s'y trouver un emploi. Les personnes qui détiendront un passeport québécois devront demander un permis de travail, comme le font les Américains actuellement. Les touristes et les autres visiteurs venant du Québec seront accueillis de la même manière que les visiteurs des États-Unis. Les visas ne seront pas obligatoires et, dans la mesure où les politiques de l'immigration du Québec et du *Canada* resteront compatibles, il n'y aura pas lieu d'établir des contrôles à la frontière. Cette compatibilité pourrait être obtenue par la mise en place d'un mécanisme de contrôle semblable à l'accord sur l'immigration Québec-Canada actuel (Cullen-Couture), en vigueur depuis quinze ans.

On peut s'attendre à ce que le Québec traite avec célérité toute demande de citoyenneté par les *Canadiens* qui choisiront de devenir des citoyens québécois. Il facilitera également l'accès au Québec aux *Canadiens* qui souhaitent y travailler ou le visiter.

10. Les droits des minorités

Chaque pays aura le droit souverain et la responsabilité de définir ses politiques concernant les minorités. Le problème le plus important sera de déterminer le statut des minorités anglophones au Québec et des francophones au *Canada*. Aucune négociation n'entrera en jeu à cet égard. Le Québec et le *Canada* élaboreront leurs propres politiques en fonction de leur conception de la justice, de l'applicabilité de ces politiques et de la réaction de la communauté internationale.

11. La participation du Québec aux traités

Le *Canada* appuiera la participation du Québec à l'OTAN, aux Nations unies, à l'ALENA, à l'OMC, au Pacte de l'automobile, à la Commission conjointe sur la défense et aux autres organisations et traités internationaux. Le cas échéant, le partage de la contribution du *Canada* au financement de ces organisations fera l'objet de négociations.

12. Les relations économiques et commerciales

Actuellement, le *Canada* exporte 5 p. 100 de son PNB au Québec, tandis que le Québec exporte 15 p. 100 de son PNB au *Canada*. Il est donc dans l'intérêt de chacune des parties de laisser ouvertes ces routes de commerce, ce qui est relativement facile à accomplir. En obtenant l'indépendance, le Québec adoptera les structures commerciales du *Canada* et les deux pays s'entendront pour ne pas imposer leurs produits respectifs. Le Québec deviendra membre de l'ALENA et devra se plier à ses règlements et mécanismes. Les lois, les règlements et les structures de taxation du Québec reliés au commerce seront harmonisés avec ceux du *Canada*. Une période de retrait graduel sera fixée en ce qui a trait aux systèmes de gestion de l'approvisionnement agricole dans les secteurs laitier, des œufs et de la volaille.

Avec le temps, chacun des pays ajustera ses tarifs et ses règlements commerciaux en fonction de ses propres intérêts, comme le fait actuellement le Canada avec les autres pays.

13. Les programmes sociaux

Les deux pays s'entendront sur un « traitement national » pour ce qui est de déterminer l'admissibilité des citoyens aux services sociaux. Un citoyen *canadien* qui réside au Québec devra payer des impôts et se prévaloir des services sociaux offerts en vertu de la législation québécoise. Cette règle s'appliquera, entre autres, aux secteurs de la santé, des services sociaux, de l'assurance-emploi et des pensions. Il faudra prévoir une entente sur les droits de pension des fonctionnaires fédéraux qui arrivent à l'âge de la retraite ou qui choisissent de travailler au Québec.

14. La fonction publique fédérale

Après la désinvestiture, le *Canada* aura besoin de moins de fonctionnaires, contrairement au Québec. Du point de vue du Québec, la meilleure étude concernant le recrutement de personnel supplémentaire qui sera nécessaire au Québec est celle que le gouvernement a rendue publique dans le document intitulé *Sommaire des études sur la restructuration administrative*, paru en 1995. Cette analyse a porté sur chacune des activités du gouvernement et sa conclusion est rassurante.

Le Québec souverain devra s'engager à assurer un emploi à tous les fonctionnaires du fédéral qui résident au Québec (y compris dans l'Outaouais), ce qui représente 69 670 personnes, soit environ 20 p. 100 de l'ensemble de la fonction publique du Canada. Toutefois, seulement 57 280 de ces fonctionnaires seront nécessaires. Le Québec assumera une responsabilité envers les autres, lesquels partiront graduellement, sur une période de trois ans, au fur et à mesure que les contrats de travail arriveront à expiration et au fil des démissions et des mises à la retraite.

Ce document nous apprend qu'en raison de la fusion des activités d'Ottawa avec celles de Québec, les contribuables québécois économiseront 1 milliard 619 millions de dollars par an du fait de l'élimination du doublement des services, et un autre 1 milliard 309 millions de dollars, parce que ces services seront fournis beaucoup plus efficacement par les fonctionnaires québécois que par leurs homologues d'Ottawa. Ce qui est une raison de plus pour les Québécois d'opter pour la désinvestiture.

Les fonctionnaires qui résident au Québec ne voudront probablement pas tous travailler pour ce gouvernement, et vice versa. Et l'on peut s'attendre à ce que les discussions relatives aux mutations se compliquent lorsque la fonction publique s'apprêtera à négocier son propre avenir. Or, étant donné que le Québec aura accepté au départ d'intégrer dans ses rangs une juste portion de fonctionnaires canadiens et vu son besoin évident en personnel expérimenté, ce débat ne devrait pas retarder le processus de la désinvestiture.

15. Les modifications de la Constitution

Pour pouvoir sortir le Québec du Canada, il faut l'enlever de la Constitution. Cela peut se faire en modifiant le document au moyen des formules d'amendement établies. La première chose à faire pour enclencher ce processus est de s'arranger pour que les *Canadiens* consentent à ne pas s'écarter de cette question et remettent à plus tard les discussions sur la façon d'améliorer notre Constitution, une fois que le Québec se sera retiré.

Si l'on s'accorde sur ces deux principes, l'extirpation du Québec se fera sans problème. Robert Young décrit le déroulement du processus, de même que, avec encore plus de détails, Peter Russell et Bruce Ryder dans leur texte intitulé « Ratifying a Postreferendum Agreement on Quebec Sovereignty » paru dans la série *The Secession Papers* de l'Institut C. D. Howe. Notre Constitution contient cinq formules d'amendement. Certaines modifications nécessitent l'approbation des dix provinces, d'autres, de seulement cinq. Pour quelques-unes, il suffit de l'accord d'une seule province. Mais dans la mesure où tout le monde s'entend sur l'objectif à atteindre, la tâche devrait être réalisée en quelques mois.

16. La monnaie et la politique monétaire

Au dire de Young, la question de la monnaie « est d'une extrême importance. Les enjeux en sont énormes ». Plusieurs en sont conscients, c'est pourquoi il existe maintenant une abondante littérature sur ce sujet, notamment un texte de David Laidler et de William Robson, paru dans la série de l'Institut C. D. Howe, ainsi qu'une analyse approfondie dans le livre de Marcel Côté et dans une monographie ultérieure[6].

L'objectif de chacun est de s'assurer que l'insécurité qui résultera du nouveau statut politique du Québec ne générera pas de crise monétaire au Québec ni au *Canada*. Qu'une crise survienne ou non dépendra de décisions sur lesquelles aucun des deux gouvernements n'a vraiment de prise. Ils peuvent peut-être interdire la circulation des autos et des poulets entre leurs frontières, mais certainement pas celle de l'argent et d'autres produits financiers.

Après avoir étudié différentes possibilités, Young en vient à la conclusion que le scénario le plus probable serait l'adoption d'une monnaie commune, le dollar *canadien*, et d'une seule banque centrale cogérée. Laidler et Robson approuvent, même s'ils soulignent que le Québec devra se plier à une discipline très rigide. Marcel Côté, quant à lui, estime que le Québec devra, à plus ou moins long terme, créer sa propre monnaie, moyennant des coûts considérables.

Il s'agit là d'un sujet extrêmement complexe, bien que la situation se clarifie un peu plus chaque jour. Il se pourrait que la monnaie *canadienne* subisse le contrecoup de ce changement, de même que celle du Québec durant le processus de la désinvestiture, et les deux parties auront nettement intérêt à collaborer et à assurer une période de transition propre à donner confiance aux marchés financiers internationaux.

Nous avons l'exemple de l'euro. Le 1er janvier 1999, quelques-unes des devises les plus importantes du monde se sont volatilisées pour être remplacées par une monnaie commune sous le contrôle d'une nouvelle banque centrale. Ce changement s'est opéré grâce à la collaboration des pays participants, selon un processus transparent et public et après consultation de la communauté financière mondiale. Le résultat a été satisfaisant. Le Québec et le *Canada* devraient en tirer une leçon.

Après une période de transition, la valeur de la monnaie de chaque pays fluctuera selon la stabilité politique de celui-ci, la qualité de sa gestion fiscale et monétaire et la force de son économie. On peut espérer que le *Canada* en ressortira encore plus fort, et ce sur tous les plans.

Ce sont les 16 points relevés par Robert Young qui seront à régler durant le processus de la désinvestiture. Il n'y en a que 16. Nous les connaissons déjà et commençons même à entrevoir des solutions. De l'avis général, ces questions ne posent pas de sérieux obstacles à la désinvestiture, cela d'autant plus que les deux parties concernées partagent le même objectif. Dans chaque cas, il suffira de quelques mois pour accomplir le travail de base.

Le processus de la désinvestiture s'accompagnera bien sûr de coûts, de tensions et de surcharge de travail pour le

secteur public. Une telle situation sera cependant plus sup-
portable que celle que nous endurons actuellement en raison du débat interminable sur l'unité nationale, car nous
aurons l'assurance que, cette fois, il y aura une fin.

Chapitre XVII

Comment persuader les *Canadiens* qu'il s'agit d'une bonne idée?

En 1960, Marcel Chaput et quelques amis de Montréal fondèrent le Rassemblement pour l'indépendance nationale (RIN), et à compter de ce jour, l'idée du séparatisme au Québec s'est transformée en une véritable institution. À l'époque, les partisans du mouvement tenaient confortablement dans le sous-sol d'une église. Six ans plus tard, devenu un parti politique, le RIN obtenait 6 p. 100 des suffrages dans une élection générale. Dix ans après, en 1976, un parti séparatiste se faisait élire au Québec. Pourtant, presque quarante années après la naissance du projet d'indépendance, il reste toujours à réaliser.

Les adversaires du séparatisme vous diront que c'est une mauvaise idée depuis le début et que cela ne pourra jamais réussir. Les partisans, au contraire, souligneront les progrès considérables accomplis à ce jour. Mais pour ceux qui ont tendance à s'intéresser davantage à un autre projet, celui de la désinvestiture, le message est clair: il faudra beaucoup de modestie et de patience pour réussir à faire accepter notre projet.

Il faudra donc comprendre ce chapitre comme le premier mot, et non le dernier, sur la question de savoir comment la désinvestiture arrivera à frapper l'imagination des gens et à les amener à la considérer comme une option sérieuse dans notre recherche d'une solution face au dilemme existentiel du Canada. Espérons qu'avec le temps, l'idée de la désinvestiture parviendra à générer une mobilisation assez puissante pour rivaliser avec celle des adeptes – qu'ils soient théoriciens ou praticiens – du séparatisme.

Comme il est peu probable qu'un important parti politique du Canada, national ou provincial, soit prêt, dans les mois à venir, à incorporer la désinvestiture dans son programme officiel, il faut le plus rapidement possible qu'un mouvement soit formé. Comment va-t-il voir le jour? Difficile à dire, mais ses fondateurs vont se rendre compte qu'il existe déjà un noyau prometteur en faveur de cette idée. Durant plus de quinze ans, le groupe de recherche Environics, une des maisons de sondage d'opinion publique les plus respectées, a demandé aux Canadiens résidant hors du Québec quelles options constitutionnelles ils privilégiaient. Les derniers sondages, réalisés en juillet 1998[1] posaient la question suivante: «Voici quelques-uns des choix constitutionnels qui ont été proposés au Québec. Quel serait, à votre avis, le meilleur?» La liste des options et des réponses est la suivante:

Statu quo	77 %
Indépendance	10 %
Statut particulier	6 %
Souveraineté-association	2 %
Aucune réponse	5 %

À l'heure actuelle, 10 p. 100 des personnes habitant dans le reste du Canada préféreraient que le Québec devienne un pays indépendant. L'appui à cette idée varie selon les régions. Les provinces de l'Atlantique arrivent en tête, avec 16 p. 100, suivies des provinces de l'Ouest, avec 12 p. 100. En Ontario, 7 p. 100 de la population préférerait que le Québec quitte la fédération. Cet appui de 10 p. 100 signifie que le mouvement de la désinvestiture peut compter sur une base solide. Si l'on tient pour acquis que 75 p. 100 de la population du Canada est en âge de voter, cela donne les chiffres suivants:

Répartition des Canadiens en faveur
de l'indépendance du Québec

Région	Population en âge de voter	En faveur de l'indépendance	
		%	Nombre
Provinces de l'Atlantique	1 811 000	16	290 000
Ontario	8 444 000	7	591 000
Ouest	6 682 000	12	892 000
Total des Canadiens en âge de voter qui sont en faveur de l'indépendance			1 773 000

Il s'agit d'une base beaucoup plus importante que celle sur laquelle Marcel Chaput a fondé son mouvement en 1960.

Le sondage d'Environics fait ressortir un autre aspect positif pour les partisans de la désinvestiture. En effet, seulement 8 p. 100 des Canadiens résidant hors du Québec consentiraient à donner une place privilégiée à cette province dans le cadre de nos structures constitutionnelles, qu'il s'agisse de statut particulier ou de souveraineté-association. Par ailleurs, presque quatre Canadiens sur cinq pensent que le Québec devrait être satisfait de son statut actuel au sein de la fédération canadienne. Mais quatre Québécois francophones sur cinq ne l'accepteront jamais.

En général, les adeptes de l'indépendance du Québec établis dans le reste du Canada sont légèrement plus jeunes, plus pauvres et moins éduqués que la population en général. On serait tenté de croire que leur raisonnement se fonde sur la conviction qu'ils s'en sortiraient mieux financièrement si le Québec n'était plus dans le décor. Ils pensent probablement que le Québec réclame plus de la fédération qu'il n'y contribue. C'est vrai, mais ce n'est pas là le fondement de notre projet, et il sera important que cela soit bien compris dès le départ. Susciter de l'animosité envers le Québec est certes une voie facile, mais c'est la mauvaise voie.

Les détracteurs de la désinvestiture formuleront deux grandes objections. Ils prétendront que nous sommes injustes et mesquins envers la communauté francophone, voire fanatiques. Ils argueront également que le processus de la séparation sera trop onéreux, tant pour le *Canada* que pour le Québec. Nous pouvons être catégoriques quant à la première objection. Ce sont nos politiques actuelles qui sont injustes envers les autres groupes ethniques et culturels du pays, comme le serait aussi sans doute tout arrangement en vue de satisfaire le Québec. Ce n'est pas faire preuve de fanatisme que d'insister sur le fait qu'aucune communauté ethnique n'a droit à un statut particulier dans ce pays.

Pour ce qui est des coûts associés au projet, il est impossible de calculer le prix de l'incertitude politique dans laquelle nous vivons actuellement, de même que ce qu'il en coûterait pour y mettre fin. Cependant, des études commencent à nous indiquer les moyens de gérer avec succès ce processus. Comme je l'ai déjà mentionné, il y a de bonnes raisons de croire que le *Canada* sera plus prospère après la désinvestiture. Mais, au fond, il s'agit non pas d'une question d'argent, mais plutôt d'une faille politique qui compromet l'association civile. Aux *Canadiens* de le comprendre et de l'accepter, si leur pays veut se montrer loyal envers ses citoyens – et envers lui-même.

Peut-être est-ce le moment de ressortir un livre de Jane Jacobs publié il y a vingt ans, juste avant le premier référendum du Québec, et intitulé *The Question of Separatism : Quebec and the Struggle over Sovereignty*[2]. Mme Jacobs n'est pas une politologue, mais son intelligence et son ouverture d'esprit n'ont jamais été mises en question. Elle s'oppose au statut particulier du Québec au sein du Canada : « Il est facile de comprendre pourquoi même les fédéralistes du Québec croient que leur province doit posséder ces pouvoirs disproportionnés – comparativement aux autres provinces –, mais le fait est qu'ils seraient disproportionnés et qu'ils auraient une incidence sur un grand nombre de questions d'intérêt vital pour les Canadiens qui vivent hors Québec[3]. » Elle opte donc pour l'indépendance du Québec et une relation ultérieure qui « entretiendrait uniquement les liens nécessaires au Québec et au reste du Canada pour négocier entre eux et collaborer à des projets d'intérêt mutuel[4]». Prenant l'exemple de la Norvège qui s'est séparée de la Suède en 1905, Jacobs suggère plusieurs façons pour le Québec de se séparer du reste du Canada. Le livre ne laisse transparaître aucune trace d'amertume envers le Québec. Il ne tient pas compte des coûts économiques et des avantages associés à cette séparation. L'auteure est d'avis, comme moi, que les deux visions politiques sont incompatibles.

Le premier objectif du mouvement préconisant la désinvestiture est de rendre l'idée respectable, de la faire considérer comme une option à la fois raisonnable et réaliste qui ne fait que s'ajouter aux options déjà à l'étude. Une fois cet objectif atteint, d'autres personnes converties à la cause de la désinvestiture viendront rejoindre les rangs des adeptes à chaque élection d'un gouvernement séparatiste ou d'un député du Bloc Québécois, à chaque effort du Parti libéral du Québec en vue d'obtenir un statut particulier, à chaque querelle diplomatique entre Québec et Ottawa, à chaque attaque du gouvernement fédéral par n'importe quel parti du Québec et à chaque concession faite par Ottawa au mouvement nationaliste. Les *Canadiens* n'auront plus jamais à supporter les frustrations liées à l'attente de savoir ce que les Québécois vont faire, avant de déterminer comment ils réagiront. Ils auront forgé leur propre opinion et s'en sentiront d'autant mieux.

À un moment donné, les partis politiques du Canada finiront par intégrer l'idée à leur vocabulaire. Cela pourrait commencer dans un parlement provincial. À Ottawa, il se pourrait que le Bloc Québécois appuie la désinvestiture. Cependant, le Parti libéral fédéral, le seul autre parti disposant d'une base au Québec, s'opposera au projet du début à la fin pour deux bonnes raisons. D'une part, les Québécois de ce parti se sentent engagés envers le Canada dans sa forme actuelle. À quelques exceptions près, ils aiment le pays tel quel, pensent que le système fédéral s'est montré équitable envers le Québec et leur appui à l'exigence d'un statut particulier pour le Québec est une simple tactique politique. Ils font partie des 30 p. 100 des Québécois francophones qui ressentent un réel attachement au *Canada*. D'autre part, sur un plan plus pratique, ce sont eux qui ont le plus à perdre. Au moment où j'écris ces lignes, 26 des 156 députés libéraux à la Chambre des communes viennent de circonscriptions électorales du Québec.

La désinvestiture doit trouver ses racines originales dans un des trois partis d'opposition – Reform Party, Nouveau Parti démocratique et Parti conservateur –, et la clé du succès est entre les mains de l'Ontario. C'est là que le mouvement doit voir le jour. Les libéraux sont très puissants en Ontario. Par conséquent, les trois partis d'opposition, conjointement à l'appui important qu'ils reçoivent dans leurs propres rangs dans l'Ouest et dans les Maritimes en faveur de la désinvestiture, n'auraient rien à perdre en expérimentant l'idée dans la plus vaste province du pays. Elle pourrait être présentée comme une façon pratique de sortir de la crise de l'unité nationale et de mettre une fois pour toutes un terme au débat. On ne saurait faire la sourde oreille à un tel appel.

L'expérience du mouvement séparatiste nous rappelle que ce ne sera pas une voie à sens unique. Jusqu'à ce qu'elle se réalise, la désinvestiture restera une idée que vous pourrez préconiser le lundi et réfuter la semaine suivante. Par exemple, si un gouvernement québécois devait signer la Constitution canadienne telle quelle et considérer les anglophones comme des partenaires à part entière dans leur province, le mouvement deviendrait inutile. Mais en attendant, ce sera toujours une option respectable pour les *Canadiens*. La désinvestiture propose une vision positive du pays qui nous permet de planifier notre avenir sans que nous

nous sentions angoissés face aux nombreuses faiblesses que nous reconnaissent les nationalistes québécois ou sans que nous ayons à attendre pour voir ce que la prochaine élection du Québec nous réservera.

À tous ceux qui pensent que le nationalisme québécois est appelé à disparaître, nous poserons la question suivante : « Pendant combien de temps encore êtes-vous prêts à patienter ? » À ceux qui prétendent que le débat sur l'unité est bénéfique, il faudra montrer qu'ils sont exploités. À ceux qui pensent que nous devrions apprendre à vivre avec ce problème, il faudra montrer que c'est une solution trop onéreuse. Quant aux fatalistes, il faudra leur faire voir qu'ils pourront enfin prendre en main leur propre avenir politique.

L'expérience séparatiste au Québec nous incite à croire que les progrès associés à la désinvestiture risquent d'être lents. Pourtant, il existe un précédent plus prometteur, celui de la Tchécoslovaquie. En juin 1990, seulement 6 p. 100 de la population appuyait la séparation de la Slovaquie des territoires tchèques. En juillet 1992, l'appui avait grimpé à 16 p. 100. En septembre de cette même année, il atteignait 46 p. 100. La Slovaquie est devenue indépendante le 1er janvier 1993[5].

CHAPITRE XVIII

Comment peut-on faire sortir le Québec de la fédération ?

La meilleure chose qui puisse nous arriver serait que les Québécois acceptent de se retirer du Canada, rapidement et en douceur, mais rien ne peut nous le garantir. La littérature en science politique illustre plusieurs cas de sécession, mais très peu concernent la désinvestiture. On parle de la Malaisie, qui s'est séparée de Singapour en 1965 à la suite de conflits de nature ethnique. Les Tchèques et les Slovaques, quant à eux, ont choisi de se séparer en 1993 et leur cas n'est pas sans rappeler certaines caractéristiques de la désinvestiture. Robert Young décrit ces deux cas dans son livre. Ces exemples, comme celui de la Norvège, sont intéressants, mais aucun ne saurait nous servir de guide pratique.

Nous avons un exemple de la désinvestiture plus près de chez nous. En effet, les Britanniques, comme d'autres pouvoirs coloniaux, ont dû se séparer d'un certain nombre de colonies devenues trop coûteuses après la Seconde Guerre mondiale. Une de ces expériences a d'ailleurs eu une incidence directe sur le Canada. Ainsi, Terre-Neuve est devenue notre dixième province, en 1949, après que le gouvernement britannique eut refusé de continuer à entretenir son Dominion. Dans son livre *Canadians at Last*[1], Raymond Blake écrit à cet égard : « Le gouvernement britannique guettait le moindre signe montrant que le Canada s'intéressait à Terre-Neuve [...]. Alors que Londres devait entreprendre sa reconstruction, Terre-Neuve menaçait de devenir une obligation financière, surtout après que la Commission du gouvernement eut présenté, en septembre 1944, un plan de reconstruction étalé sur dix années, qui allait coûter 100 millions de dollars aux Britanniques. Le gouvernement, qui avait du mal à rester solvable, ne pouvait se permettre d'utiliser ses rares dollars pour redresser la situation de Terre-Neuve. La meilleure solution était de former une union entre le Canada et Terre-Neuve[2]. »

Un référendum a donc été organisé, et le premier ministre du Canada, Mackenzie King, a déclaré dans une allocution (qu'on pourrait assimiler au jugement que prononcera la Cour suprême cinquante ans plus tard) que Terre-Neuve aurait le droit de faire partie du Canada : « dans la mesure où [sa] décision est claire et ne se prête à aucun malentendu[3] ». Il s'est contenté d'un vote de 52,34 p. 100.

Pour les personnes à l'imagination fébrile, la désinvestiture de Terre-Neuve par la Grande-Bretagne laisse entrevoir la possibilité qu'un autre pays accepte d'adopter le Québec. La France paraît être le candidat idéal. Paris, en tant que capitale nationale, serait mieux équipée qu'Ottawa pour veiller au respect de la culture et de la langue françaises. Mais il est peu probable qu'on puisse convaincre les Québécois de se rallier à un tel projet, même avec un vote de 52,34 p. 100, et je doute aussi que Washington permette la création d'un « département* » de la République française à ses frontières. Pour que se concrétise la désinvestiture, le Québec devra, comme Singapour, la Slovaquie et la Norvège, devenir un pays indépendant.

Une fois que les *Canadiens* auront décidé qu'ils veulent faire sortir le Québec de la fédération, il vaudrait mieux convaincre cette province de se retirer. En réalité, ces deux processus se dérouleront sans doute de façon simultanée. L'existence d'un mouvement sérieux de désinvestiture dans

---

* En français dans le texte original.

le reste du Canada devrait inciter les Québécois à revoir leur position. Cela risque même de modifier l'opinion publique, bien qu'on ignore de quelle façon elle réagira. Au dire de certains observateurs, ce mouvement encouragerait le séparatisme, car il serait considéré comme une insulte envers le peuple québécois – « Ils ne veulent pas de nous, fichons le camp. » Par contre, d'autres pensent qu'on verra une réaction opposée, comme c'est souvent le cas quand un conjoint infidèle est mis à la porte. Dans ce scénario, les fédéralistes du Québec vont prétendre qu'on les a mal compris.

Quoi qu'il en soit, il existe déjà un solide mouvement d'indépendance au Québec, et si l'on se fonde sur l'opinion publique, il se pourrait que 30 p. 100 de sa population approuve le projet de la désinvestiture comme tel, avec son offre de libre-échange sans liens politiques avec le *Canada*. Le défi est d'aller chercher les autres 25 p. 100. Ces personnes pourraient venir de deux groupes parmi les nationalistes francophones : d'un côté, les partisans de la souveraineté-association qui ont tendance à voter « Oui » aux questions complexes concoctées pour les référendums du Québec ; de l'autre, les fervents adeptes du statut particulier sous toutes ses formes qui tendent à voter « Non ». En admettant que seulement 20 p. 100 de la population du Québec est prête à consentir au *statu quo* constitutionnel, on pourrait supposer que l'appui à la désinvestiture sera facile à obtenir. Mais ce n'est pas si simple. Car les 20 p. 100 de personnes en question comprennent des figures importantes.

La première chose à faire est d'insister sur le fait que si le Québec veut rester dans la fédération, il doit oublier une fois pour toutes son rêve d'obtenir un jour quelque statut particulier que ce soit. La population *canadienne* ne veut pas de ce statut. Selon les derniers sondages, 92 p. 100 de celle-ci s'y oppose. Il est temps que nos dirigeants arrêtent d'embrouiller les Québécois avec leurs déclarations délirantes sur ce sujet. Sur le plan constitutionnel, si le Québec devait rester dans la fédération, son statut serait le même que celui de la Nouvelle-Écosse.

Cette déclaration, lorsqu'elle sera pleinement comprise et acceptée au Québec, stimulera le mouvement pour la désinvestiture, car elle incitera certains intellectuels nationalistes en vue à déclarer ouvertement qu'ils se sont convertis à la cause de l'indépendance. Claude Castonguay et Claude Ryan ne manqueront certainement pas de faire paraître de longs articles dans la presse pour expliquer les solides raisons qui les ont poussés à arriver à cette conclusion. D'autres nationalistes fédéralistes suivront leur exemple. Malheureusement, ils n'arriveront pas à convaincre tout le monde. Aux yeux d'une grande partie de l'élite francophone du Québec, il n'y a rien à gagner si la province perd son plus précieux « statut » : le *statu quo*. Par contre, pour les électeurs moins favorisés, la fin d'un rêve qu'on avait façonné pour eux à la suite de la parution du rapport Laurendeau-Dunton[4] en 1965 pourrait rallier un nombre considérable de ces personnes à la cause de l'indépendance.

Par ailleurs, si le Québec se laisse tenter par le projet de la désinvestiture, il lui faudra renoncer à tout projet d'association politique avec le *Canada*, et la chose devra être très claire. Il semblerait que près de 40 p. 100 de ceux qui ont voté « Oui » au référendum de 1995 étaient des Québécois pour qui la séparation n'était acceptable que si elle s'accompagnait de ce genre d'association. Devant l'annulation explicite de cette option, les dirigeants séparatistes pourront dire qu'après tout ce n'était même pas nécessaire. Le gouvernement fédéral, pour la première fois, se gardera de les contredire. En fait, si les *Canadiens* s'engagent dans le projet de la désinvestiture, ils s'attendront à ce que leur gouvernement central trouve des moyens de renforcer la position séparatiste. Il en résultera un surplus d'appui, qu'on ne peut quantifier, à l'idée d'une sécession sans condition.

Ce gain d'appui, c'est-à-dire ceux qui doivent abandonner tout espoir de statut particulier, pourront-ils compenser la perte de ceux qui redoutent la souveraineté sans association ? Il est trop tôt pour le dire, mais pour une fois les fédéralistes *canadiens* et les séparatistes du Québec auront le même objectif et enverront des messages qui ne se contredisent pas.

Devant un appui important au *Canada* pour la désinvestiture, les deux partis politiques du Québec devront réviser leur orientation. Le Parti Québécois devra concocter une proposition de souveraineté sans trait d'union, entérinant la fin irrémédiable de toute association politique avec le *Canada*. On ne saurait d'ailleurs sous-estimer l'esprit de créativité de ses membres en cette matière.

Les choses seront plus difficiles pour le Parti libéral du Québec. Car le reste du Canada va lui faire une déclaration ferme : aucun statut particulier – jamais. Les libéraux se retrouveront donc devant trois options possibles. La première : accepter cette nouvelle position du *Canada* et tenter de convaincre les électeurs du Québec que le Canada, même avec sa Constitution actuelle, représente après tout un bon arrangement. S'ils remportaient du succès auprès de la majorité des électeurs, la désinvestiture ne serait peut-être plus nécessaire. Autre option possible : devenir un second parti séparatiste, ce qui rendrait la désinvestiture plus facile à accepter pour le Québec. Troisième option : continuer à rechercher un statut particulier, tout en maintenant une politique de refus systématique pour chaque projet fédéral et chaque tentative de réforme constitutionnelle. Avec le temps, cette attitude renforcerait probablement le mouvement de désinvestiture dans le reste du Canada. Il se pourrait aussi que le Parti libéral du Québec se disloque en raison de ce problème.

Une chose est sûre, un mouvement de désinvestiture dynamique et cohérent fournira plusieurs pistes de réflexion aux Québécois et à leurs leaders politiques.

Dans l'hypothèse où la majorité des *Canadiens* décident d'appuyer la désinvestiture et où les Québécois refusent de partir, pourrait-on les forcer à quitter la fédération ? Peut-être. En 1998, la Cour suprême s'est penchée sur la possibilité inverse, le droit du Québec de se séparer contre la volonté des *Canadiens*, et elle a paru se rallier à l'idée. En partant du principe que « la Constitution n'est pas une camisole de force », le jugement (paraphrasé) se lirait comme suit : « L'ordre constitutionnel canadien existant ne pourrait demeurer indifférent devant l'expression claire d'une majorité claire de *Canadiens* de leur désir *que le Québec ne fasse* plus partie du Canada. [...]. *Le Québec ne pourrait* retirer *aux gouvernements du Canada et des autres provinces* le droit de chercher à réaliser la *désinvestiture*, si une majorité claire de la population du *Canada* choisissait cette voie, tant et aussi longtemps que, dans cette poursuite, le *Canada* respecte les droits des autres[5]. »

Si les Québécois se sentent prêts à embrasser le projet de désinvestiture, mais hésitent encore, il leur reste l'option du rachat. Les lecteurs se souviendront que le Québec reçoit près de trois milliards de dollars par an pour bénéficier des services que les *Canadiens* payent de leur poche. En dernier recours, et comme prime finale, peut-être vaudrait-il la peine de considérer un paiement unique qui équivaudrait, disons, à trois fois le déficit annuel du Québec vis-à-vis du gouvernement fédéral. Cette formule aiderait le plus petit des deux à couvrir quelques-uns des coûts de restructuration, ce qui serait peu coûteux pour le *Canada* à long terme, particulièrement à la lumière de l'avenir qui nous attend, une fois que nous serons libérés du joug du nationalisme ethnique.

CHAPITRE XIX

Une question de cœur

J'aimerais m'attarder un moment sur l'aboutissement du voyage que nous avons entrepris.

Le respect de la diversité s'est imposé au *Canada* en tant que caractéristique déterminante de nos structures politiques, et ce pour deux raisons. La première tient à la dimension du pays, qui déploie sa population en un long ruban, à l'image d'un « Chili étendu sur le côté », et qui s'étire sur six fuseaux horaires et toutes sortes de topographies imaginables. Le *Canada* s'est retrouvé encore plus diversifié par la présence de populations d'origines et de cultures différentes venues s'établir sur son territoire, et qui continuent à le faire – nos concitoyens. Nous, ou nos ancêtres, avons quitté d'autres pays où nous étions victimes, à des degrés différents, de préjudices et de favoritisme, qu'ils soient d'ordre ethnique, linguistique ou religieux. Parfois ces préjudices ont pris la forme de sévices physiques. Plus souvent, ils se sont manifestés par des contraintes que nous imposait l'ordre social et politique de ces pays. Nous avons décidé de tout quitter et d'entrer dans un Nouveau Monde, et c'est ainsi que nous sommes devenus des *Canadiens*.

Dans un tel contexte, le seul régime politique qui puisse fonctionner et qui soit acceptable pour le *Canada* est un régime qui soit capable de reconnaître la diversité, tout en étant « aveugle » à sa présence. En tant qu'individus, nous avons, vous et moi, certains droits et certaines responsabilités qui en découlent. En fonction de ce principe, nous sommes libres de proposer des valeurs communes et de nous regrouper en communautés diverses que nous aurons choisies nous-mêmes – et de les abandonner à volonté. Ce droit a pour contrepartie essentielle la reconnaissance du même droit à tout le monde, de façon équitable. Ce qui est le cas – mis à part une exception pourtant. Un peu à contrecœur, nous avons accepté de conclure un pacte spécial, dont les détails sont toujours en cours de définition, avec les populations autochtones. Toutes les autres personnes, quelle que soit la communauté à laquelle elles souhaitent appartenir, doivent être traitées avec équité. Qu'il s'agisse de groupes religieux, de groupes linguistiques, de minorités de différentes croyances, peu importe, tous sont libres de poursuivre leurs propres buts, car l'État « n'a aucune mission à défendre contre ce genre d'objectifs communautaires ». Et aucun de ces groupes n'a droit à une position privilégiée au sein de notre Constitution.

Ces principes sont identifiés par le mot que la majorité des *Canadiens* comprennent : l'équité[*]. Ils servent de base à toute « association civile », et c'est la seule association politique qui puisse supporter les pressions et les idéologies de tous les groupes d'intérêts de ce pays. Selon moi, c'est le seul genre de système politique qu'il vaut la peine de soumettre à l'épreuve du temps.

Les Québécois, les Québécois francophones, disons, n'ont jamais accepté ce système. En tant que communauté linguistique et ethnique, ils estiment qu'ils ont le droit constitutionnel de jouir d'une position privilégiée au sein du pays. Ils se voient comme une sorte de « peuple autochtone ». Ils ont créé leur propre réserve où la vie politique repose sur une conception différente de la justice. Ils pensent également que leur représentation dans les structures du pouvoir du pays entier ne doit pas être considérée en tant que représentation d'une province parmi dix autres

---

[*] *Fairness* dans le texte original.

– ou d'un électeur sur cinq –, mais, souvent, comme la représentation d'une des deux nations.

Il faut dire qu'ils ont réussi cet exploit de façon remarquable. Instinctivement, les fédéralistes et les séparatistes francophones ont arrangé un « coup double » qui a ébranlé le reste du pays et qui continue de le faire chanceler. D'abord, ce sont les séparatistes qui menacent de sécession, ensuite arrive l'élite fédéraliste qui exploite cette possibilité pour réclamer plus de concessions au *Canada* tout en faisant appel à la générosité d'esprit et en nous rappelant notre obligation de réparer les injustices de l'histoire. En arrière-plan, il y a toujours la promesse sous-entendue que tout va finir un jour. Personnellement, je n'y crois pas, car c'est un système qui marche à la perfection, pour l'élite francophone du Québec du moins. C'est son ultime barrière non tarifaire.

Le reste du Canada ne devrait pas endurer cette situation plus longtemps. Il se fait agresser, bien sûr, mais ce n'est pas la principale raison pour vouloir y mettre fin. Toute cette histoire part d'une erreur de principe. Les universitaires et les journalistes *canadiens* travaillent en permanence à essayer de nous culpabiliser pour notre mauvaise volonté à répondre aux aspirations du Québec, alors qu'il n'y a absolument aucune raison pratique ou morale de le faire. La théorie des deux nations a toujours été une hypothèse douteuse. La composition actuelle de notre pays rend cette théorie à la fois inapplicable et non pertinente.

Tant que le *Canada* ne se décidera pas à agir, rien ne sera résolu. En choisissant d'agir, les *Canadiens* se feront une grande faveur sur le plan psychologique. Ils prendront leur propre avenir en main. Ils mettront un terme aux interminables années d'attente passées à deviner quelle sera la prochaine revendication du Québec, pour supporter ensuite les affres des débats déchirants sur la question de savoir si l'on peut ou si l'on devrait la satisfaire. Avec la désinvestiture, les *Canadiens* pourront enfin dire : « Voilà ce que nous voulons ; c'est à vous de répondre. »

La création d'un mouvement de désinvestiture fort ne nous garantit pas que le Québec acceptera de quitter la fédération. Mais cette idée obtient déjà l'appui d'au moins un tiers de sa population, ce qui est une base prometteuse sur laquelle nous pouvons bâtir notre projet. Si les deux parties souhaitent la désinvestiture, il est probable, comme certains précédents en témoignent, qu'elle pourrait se réaliser rapidement et à peu de frais.

Bref, ce sont là les arguments que j'ai invoqués dans ce livre. Je pense avoir défendu toute la logique de la situation. Mais longtemps après avoir soupesé mes convictions, je n'en suis toujours pas pleinement satisfait. Mon cœur se met constamment en travers du chemin.

Mes pensées me ramènent à cette belle journée ensoleillée d'un après-midi d'octobre, en 1997, après un match de football à l'Université Bishop's, à Lennoxville, au Québec, où j'ai passé mes années d'études. Nous venions de battre l'équipe de McGill, mes amis remplissaient les tribunes du stade, le feuillage resplendissait de tons rouges et mordorés et la tiédeur de l'air en était arrivée à nous faire oublier la température.

Tandis que mon ami Tony Abbott et moi nous dirigions vers ma voiture, nous avons commencé à discuter de la politique du Québec et de l'éventualité d'une séparation, en nous disant que, si un tel événement se réalisait, il serait impossible de revivre un après-midi comme celui-là. Nous avions du mal à exprimer nos émotions, mais nous sentions tous les deux que nous perdrions quelque chose d'important. Un grand nombre de Canadiens, au Québec et ailleurs, ont la même impression. Même si vous leur expliquez, et qu'ils l'acceptent intellectuellement, que la séparation ou la désinvestiture ne signifie pas le démantèlement du pays, il reste que quelque chose, intangible, plus qu'un rêve, un sentiment de famille peut-être, semble avoir été violé.

Un peu plus tard dans la soirée, en roulant vers Montréal, j'ai essayé de comprendre ce que mon cœur me dictait.

Qu'est-ce qui serait différent si le Québec ne faisait plus partie du Canada ? Le climat et les couleurs des feuilles ne changeraient pas. L'Université Bishop's serait toujours là et Tony et moi pourrions toujours la revoir autant qu'il nous plairait. McGill serait toujours là pour nous approvisionner éternellement en équipes de football perdantes. Bishop's devrait certes prévoir certains changements pour s'adapter à la nouvelle situation, mais elle l'a fait bien d'autres fois au cours de ses 150 ans d'existence.

Sans aucun doute, beaucoup d'anglophones qui se trouvaient là en cet après-midi d'automne quitteraient le Québec, mais la désinvestiture ne ferait qu'accélérer une tendance qui, de toute manière, était inexorable. Nous serons encore suffisamment nombreux à remplir les gradins pour le reste de nos vies, et je crois pouvoir affirmer que rien de vital dans la vie quotidienne d'un Québécois anglophone ne va nécessairement changer du simple fait que la province sera devenue un pays.

Cette situation risque d'être encore plus vraie dans le reste du Canada. La plupart des *Canadiens* ne connaissent le Québec que d'après ce que racontent les médias ou ce qu'en disent leurs amis, ou encore en tant que simples touristes. Il ne s'agit pas pour eux d'un problème personnel.

Malgré tout, les anglophones du Québec et dans le reste du pays ont un attachement émotif à l'unité du pays, et quiconque propose une formule aussi radicale que la désinvestiture devra en tenir compte. Nous sommes là en présence d'une mythologie puissante qui renforce notre réaction instinctive face à ce genre de proposition, quels que soient ses mérites.

Dans un récent ouvrage, *Réflexions d'un frère siamois*, John Ralston Saul tente à son tour de définir l'identité *canadienne*, cette fois en fonction de ses souvenirs[1]. Au début du livre, Saul parle de l'importance du mythe – « un mariage du passé et du présent » – dans nos vies. Il poursuit en parlant du changement : « Ceux qui réussissent à embrasser le changement le font en s'appuyant solidement sur leur véritable identité. La réalité associée à une saine mythologie sont les clés du changement[2].» L'auteur reprend dans son livre quelques-uns des mythes qui, selon lui, nous ont formés et déformés.

Je comprends que certaines personnes vont rejeter l'idée de la désinvestiture par simple raisonnement logique, car elles voient une autre réalité. Elles croient que la crise constitutionnelle est en voie de se régler ou que c'est pour notre bien. Mais pour le reste du pays, pour ceux qui jugent que la désinvestiture est une solution sensée, il faut absolument trouver «une mythologie saine», capable de remplacer les mythes actuels qui teintent nos relations avec un endroit nommé «le Québec».

J'en ai trouvé un en particulier qui me convient. Il me ramène en Europe où, un siècle auparavant, mes ancêtres se dissocièrent totalement des mythes de leur passé collectif et s'embarquèrent sur un navire en route vers le Nouveau Monde. Un nouveau mythe les avait capturés, celui d'une terre de promesses. Et – là est la question – l'immigration au *Canada* fondée sur cet idéal continue sans répit jusqu'à ce jour. Je pense que les gens qui arrivent dans ce pays sont spéciaux, différents de leurs frères, sœurs et cousins qui préfèrent rester chez eux. Je parle ici aussi bien de ceux qui sont arrivés au XVIIIe siècle que de ceux qui sont arrivés la semaine dernière. Je crois que ces gens comprennent qu'ils sont en train de couper leurs liens avec leur terre natale, avec une culture qui leur était familière et qui se reflétait dans l'État dans lequel ils vivaient, pour chercher de meilleures perspectives d'avenir, des chances égales. J'estime qu'ils méritent de les trouver ici.

S'ils choisissent de s'établir au Québec, ils se retrouveront en Nouvelle-France, un État-nation de style européen, dynamique et en bonne santé, qui fait partie du Nouveau Monde. Mais s'ils viennent au *Canada*, ils arriveront en «Amérique», et je ne parle pas ici des États-Unis. C'est la vision, la mythologie des immigrants qui a défini ce mot, Amérique. Je pense que c'est le moment de le revendiquer à notre tour pour les *Canadiens*, pour qu'il constitue « la base solide de ce que nous sommes ». Ce mot nous appartient autant qu'à nos voisins du Sud, et nous avons trop longtemps hésité à nous l'approprier. Je pense que les idées qui vont naître de l'idée d'un *Canada* distinct en Amérique pourront servir de base à une très « saine mythologie ». Nous la voyons déjà se profiler dans les premières suggestions hésitantes selon lesquelles ce serait peut-être temps de rapatrier notre chef d'État chez nous.

J'aimerais donc vous poser clairement la question. Croyez-vous, du fond du cœur, que la Constitution et la législation de votre pays devraient accorder une reconnaissance spéciale à un seul groupe linguistique, culturel et ethnique, les francophones, maintenant et à tout jamais ? C'est ce que fait actuellement la législation du Québec, et les Québécois francophones n'accepteront jamais la légitimité de la Constitution *canadienne*, tant qu'elle n'inclura pas cette reconnaissance. Je ne suis pas d'accord avec eux. C'est une question de principe. Nous sommes tous des immigrants dans ce pays. J'opterai pour le principe de l'« équité » comme fondement de mon plaidoyer en faveur de la désinvestiture. Pour ce qui est du mythe, je choisirai l'« Amérique » – une vision de personnes venues de tous les coins de la planète, rassemblées en une association politique qui transcende la nationalité, ici au *Canada*. On peut bâtir là-dessus.

Notes

Chapitre II

1. Reed Scowen, « Reflections on the Future of the English Language in Quebec », juin 1979.

Chapitre IV

1. Gouvernement du Québec, *Charte de la langue française*, Québec, Publications du Québec, chap. C-11.

2. Reed Scowen, *A Different Vision : The English in Quebec in the 1990s*, Toronto, Maxwell Macmillan Canada, 1991.

3. Assemblée nationale du Québec, *Journal des débats*, 20 décembre 1988, p. 4452.

4. *Charte de la langue française*, préambule.

5. Claude Ryan, « Déclaration de Claude Ryan sur la politique linguistique », avril 1978.

6. Claude Ryan, « Letter to my Fellow Citizens of Notre-Dame-de-Grâce », 27 juin 1978. Essentiellement, la même lettre a été écrite aux électeurs de la circonscription d'Argenteuil, le 16 avril 1978, durant les élections partielles auxquelles Ryan s'était présenté comme candidat.

7. Voir la résolution n° 5 adoptée par le conseil général du Parti libéral du Québec en juin 1985.

Chapitre V

1. Statistique Canada, « Tableaux du recensement de la nation, 1996 ».

2. Les chiffres de 1976 proviennent de Statistique Canada, Unité linguistique, Division des statistiques sociales, familiales et du logement, 5 juin 1990.

3. C'est mon estimation. Le recensement de 1996 révèle que 664 500 Québécois sont nés en dehors du Canada, dont 27 130 nés aux États-Unis, 20 910, au Royaume-Uni, 67 370, dans les Antilles et les Bermudes et 62 510 en Afrique. Il ne semble pas y avoir de chiffres à consulter sur les lieux de naissance des migrants interprovinciaux qui résident au Québec. Le 1er juillet 1995, on pouvait compter 50 348 personnes qui ne résidaient pas en permanence au Québec.

4. Claude Ryan, « Déclaration de Claude Ryan sur la politique linguistique », avril 1978.

5. Alliance Québec, « Brief Presented to the Special Joint Committee to Amend Section 93 of the Constitution Act, 1867 Concerning the Quebec School System », 20 octobre 1997.

6. En 1991, il existait 402 écoles françaises en Ontario et 353 écoles anglaises au Québec (Canada, *Annual Report*, Bureau du Commissaire des langues officielles, 1991).

7. Gouvernement du Québec, ministère des Relations avec les citoyens et de l'Immigration, *Guide des procédures de sélection*. Règlement en vigueur au 15 septembre 1993.

8. Selon Statistique Canada, durant la période de douze mois de juillet 1994 à juin 1995, la participation du Québec à l'immigration canadienne était de 26 943 sur un total de 215 652, soit 12,4 p. 100.

9. Voir la résolution n° 5 adoptée par le Conseil général du Parti libéral du Québec en juin 1985.

10. Donald Macpherson, « A Chance to Hire Anglos », *The Gazette*, 20 août 1997.

11. Gouvernement du Québec, ministère du Conseil exécutif, « Liste intégrée des sous-ministres, sous-ministres associés, secrétaires adjoints, sous-ministres adjoints ou assimilés », 9 juillet 1997.

12. Voir la résolution n° 5 adoptée par le Conseil général du Parti libéral du Québec en juin 1985.

13. Michael Hamelin et autres, «Bad Medicine», *The Gazette*, 16 août 1997.

14. Reed Scowen, ouvr. cité.

15. Donald Macpherson, «Good News for French», *The Gazette*, 13 décembre 1997.

16. Comité sur l'évolution du fédéralisme canadien, «Recognition and Interdependence», Parti libéral du Québec, décembre 1996, proposition 56.

17. J'ai reçu récemment un appel téléphonique de ma sœur qui habite une ferme à Reedville, dans les Cantons-de-l'Est, une maison que notre grand-père a construite il y a environ cent ans. Elle s'apprêtait à décorer la grange derrière la maison et voulait savoir si elle avait le droit d'inscrire sur le côté du bâtiment les mots «Reedville Farm». J'ai appelé le député provincial, lequel a appelé l'Office de la langue française qui lui a répondu que ce serait illégal de le faire à moins que les mots «Ferme Reedville» ne soient ajoutés, en lettres deux fois plus grandes que la version anglaise.

18. *Charte de la langue française*, préambule.

19. *Ibid.*, art. 4.

20. Jonathan Gatehouse, «OLF Petty, Excessive: Grey», *The Gazette*, 16 avril 1998.

21. Bref du Conseil du patronat à la Commission parlementaire sur la loi 1, Assemblée nationale du Québec, juin 1977.

Chapitre VI

1. Canada, Commission de l'unité canadienne, *Se retrouver : observations et recommandations*, Ottawa, Imprimeur de la Reine, 1979.

2. Christopher Moore, *1867 : How the Fathers Made a Deal*, Toronto, McClelland & Stewart, 1997, p. 159.

3. Le livre de Moore (déjà cité) fournit un récent compte rendu intéressant sur le processus.

4. Cité dans Samuel V. LaSelva, *The Moral Foundations of Canadian Federalism*, Montréal, McGill-Queen's University Press, 1996, p. 25.

5. Canada, Commission de l'unité canadienne, ouvr. cité, recommandation 28ii.

6. *Ibid.*, recommandation 33.

7. *Ibid.*, recommandation 34.

8. Commission constitutionnelle du Parti libéral du Québec, *Une nouvelle fédération canadienne*, Parti libéral du Québec, 9 janvier 1980, p. 22.

9. *Ibid.*

10. Comité sur l'évolution du fédéralisme canadien, *Recognition and Interdependence*.

Chapitre VII

1. Comité sur l'évolution du fédéralisme canadien, *Recognition and Interdependence*.

2. *Ibid.*, chap. I, p. 10.

3. *Ibid.*, chap. V, p. 56.

4. *Ibid.*, chap. IV, p. 53.

5. Marcel Côté, *Le Rêve de la terre promise*, Montréal, Stanké, 1995, p. 219-220.

6. Lysiane Gagnon, « Two Arguments a Federalist Must Never Make », *The Globe and Mail*, 23 août 1997.

7. Maurice Pinard, Robert Bernier et Vincent Lemieux, *Un combat inachevé*, Sainte-Foy, Presses de l'Université Laval, 1997.

8. Sondage mené par Environics et CROP. Les détails sont publiés dans le bulletin de la Commission de l'unité canadienne, *Opinion Canada*, vol. 6, n° 3, juin 1998.

9. Sondage réalisé pour *Le Devoir* par Sondagem entre le 29 mai et le 2 juin 1998 et rapporté dans la livraison du 23 juin 1998.

10. Maurice Pinard, «The Political Universe of Ambivalent Francophone Voters», *Opinion Canada*, vol. 6, n° 4, septembre 1998.
11. Maurice Pinard, Robert Bernier et Vincent Lemieux, ouvr. cité, p. 90.
12. *Ibid.*, p. 342.

Chapitre VIII

1. Philip Resnick, *Thinking English Canada*, Toronto, Stoddart, 1994.
2. World Development Report 1998-99, Washington, La Banque mondiale, tableau I, p. 190.
3. Michael J. Sandel, *Democracy's Discontent*, Cambridge (Mass.), Harvard University Press, 1996.
4. Michael J. Sandel, «America's Search for a New Public Philosophy», *Atlantic Monthly*, mars 1996. Toutes les citations attribuées à Sandel proviennent de cet article.
5. Michael Ignatieff, *Blood and Belonging*, Toronto, Penguin Books, 1994.
6. Elie Kedourie, *Nationalism*, Londres, Century Hutchison, 1986, p. 9.
7. Daniel Patrick Moynihan, *Pandaemonium: Ethnicity in International Politics*, New York, Oxford University Press, 1993. Voir en particulier le chapitre II, «On the Self-Determination of Peoples».
8. Elie Kedourie, ouvr. cité, p. 138.
9. Michael Oakeshott, *De la conduite humaine*, Paris, Presses universitaires de France, 1995, p. 276 et 308.
10. Charles Taylor, *Multiculturalisme: différence et démocratie*. Paris, Aubier, 1994, p. 58-61.
11. Charles Taylor, *Rapprocher les solitudes: écrits sur le fédéralisme et le nationalisme au Canada*, Sainte-Foy, Presses de l'Université Laval, 1992, p. 211 et suiv.

12. Charles Taylor, *Multiculturalisme : différence et démocratie*, ouvr. cité, p. 59.

Chapitre IX

1. Bruce Hutchison, *The Unknown Country : Canada and Her People*, Toronto, Longmans, Green & Company, 1942.
2. *Ibid.*, p. 4.
3. George Grant, *Lament for a Nation : The Defeat of Canadian Nationalism*, Toronto, McClelland & Stewart, 1965.
4. Richard Gwyn, *Nationalism Without Walls*, Toronto, McClelland & Stewart, 1996.
5. Seymour Martin Lipset, *Continental Divide : The Values and Institutions of the United States and Canada*, New York, Routledge, Chapman & Hall, 1990.
6. *Ibid.*, p. 8.
7. En 1995, les dépenses de santé du Canada s'élevaient à 2049 $ US par personne. Les États-Unis ont dépensé 3701 $. Au Canada, la participation du secteur privé est de 28,2 p. 100, aux États-Unis, de 53,5 p. 100. Les chiffres de l'OCDE proviennent d'un article de Claude Picher, « Les dépenses de santé », *La Presse*, 26 août 1997.
8. J. L. Granatstein, *Yankee Go Home : Canadians and Anti-Americanism*, Toronto, Harper Collins, 1996.

Chapitre X

1. Statistique Canada, « 1996 Census Nation Tables : Single and Multiple Ethnic Origin Responses ». La population du Canada, sans le Québec, s'élève à 21 483 000 habitants ; parmi eux, 621 000 se disent d'origine française ; 3 099 000 personnes d'une seule origine (par exemple galloise) viennent des îles Britanniques, et 1 561 000 venant des îles Britanniques sont d'origine multiple (par exemple anglaise et

écossaise). Il y a également un assez grand nombre de Canadiens qui se disent d'origine multiple, notamment française et britannique. Ils ne sont pas inclus dans mes chiffres.

2. Geoffrey Nunberg, « Lingo Jingo : English Only and the New Nativism », *The American Prospect*, n° 33, juillet-août 1997. Nunberg souligne qu'aux États-Unis « le recensement actuel révèle que seulement 1,9 million de résidants de plus de cinq ans ne parlent pas anglais ». Selon les chiffres du recensement canadien de 1996, 4 110 000 Québécois et 526 000 Canadiens d'autres provinces ne parlent pas anglais.

3. Camille Laurin, *Quebec's Policy on the French Language*, Québec, ministère de la Culture et des Communications, 1977.

4. Statistique Canada, « 1996 Census Nation Tables : Population by Knowledge of Official Language ». Au Québec, 69, 3 p. 100 de la population qui est de langue maternelle française, soit 3 951 710 sur un total de 5 700 150, ne parle pas anglais.

5. Statistique Canada, « 1996 Census Nation Tables : Population by Home Language ». Au Canada, Québec exclu, 18 320 000 des 21 483 000 habitants utilisent l'anglais à la maison.

6. *Ibid.*

7. *Robert I*, édition 1996, « culture ».

8. Camille Laurin, ouvr. cité.

9. À Montréal, la fête nationale du Québec est célébrée par un défilé organisé par la Société Saint-Jean-Baptiste (SSJB), avec l'approbation du gouvernement du Québec. La SSJB, qui prend ses racines dans l'Église catholique romaine, s'est faite le chantre de l'indépendance du Québec. Comme beaucoup de Québécois ne sont ni catholiques ni séparatistes, chaque année, des débats hilarants ont lieu avant la préparation du défilé pour savoir le nombre de chars allégoriques qui défileront avec des symboles religieux, des symboles nationalistes ou des orchestres de Trinidad. En 1998, le président d'Alliance Québec, le groupe défendant les droits linguistiques des anglophones, a dû quitter la parade, escorté par la police, « pour sa propre sécurité ».

10. Gouvernement du Québec, *Rapport du Comité interministériel sur la situation de la langue française*, 1996, p. 239.

11. Ray Conlogue, *Impossible Nation: The Longing for Homeland in Canada and Quebec*, Stratford (Ont.), The Mercury Press, 1996.

Chapitre XI

1. Cour suprême du Canada, « Reference re : Secession of Quebec », dossier n° 25506, paragr. 32, 20 août 1998.

2. Canada, ministère de la Justice, *The Constitution Acts 1867 to 1982*, Ottawa, Imprimeur de la Reine, 1996.

3. Jeffrey Simpson, « The Rest of Canada Ponders Quebec », *Occasional Paper*, Centre d'études du Canada, SUNY, Plattsburgh, n° 17, juillet 1998, p. 5.

4. Michael Oakeshott, *De la conduite humaine*, ouvr. cité, p. 203.

5. Alexandre Soljenitsyne, cité dans Daniel Patrick Moynihan, *Pandaemonium : Ethnicity in International Politics*, New York, Oxford University Press, 1993, p. 134.

Chapitre XII

1. Comité sur l'évolution du fédéralisme canadien, *Recognition and Interdependence*, chap. III, p. 40-41.

2. Se référer aux articles 41 et 42 de la Loi constitutionnelle.

Chapitre XIII

1. Ces statistiques sont tirées du livre de Robert A. Young, *La Sécession du Québec et l'Avenir du Canada*, Sainte-Foy, Presses de l'Université Laval, 1998, p. 4.

2. Marcel Côté, *Le Rêve de la terre promise*, Montréal, Stanké, 1995.

3. *Ibid.*, p. 100.

4. Dans un récent article, l'économiste Georges Mathews cite le chiffre de 4,6 milliards de dollars pour 1997-1998 («Le régime de péréquation continue de favoriser largement le Québec», *La Presse*, 24 septembre 1998).

5. Marcel Côté, ouvr. cité, p. 67.

6. *Ibid.*, p. 61 et suiv.

7. *Ibid.*, p. 69 et suiv.

8. *Ibid.*, p. 72.

Chapitre XIV

1. Voir Cour suprême du Canada, «Reference re: Secession of Quebec», chap. XI.

2. Robert A. Young, *La Sécession du Québec et l'Avenir du Canada*, Sainte-Foy, Presses de l'Université Laval, 1998, p. 3, note 1.

3. *Ibid.* Ces chiffres proviennent des tableaux A1 et A2 du livre de Young (ouvr. cité, p. 265-267).

4. On peut trouver une bibliographie complète aux pages 269-291 du livre de Young (ouvr. cité).

5. Robert A. Young, *ibid.*, p. 178 et suiv.

6. Alan C. Cairns, «Looking into the Abyss: The Need for a Plan C», *The Secession Papers*, Toronto, Institut C. D. Howe, septembre 1997, nº 96, p. 12.

7. Robert A. Young, ouvr. cité, p. 7.

Chapitre XV

1. Norman Webster, «Long Way to Go: Mean-Spirited Book Lacks a Vision of Canada», *The Gazette*, 17 août 1991.

2. Pour en savoir plus sur la création d'Alliance Québec et ses activités, on peut consulter mon livre *A Different Vision : The English in Quebec in the 1990s*, Toronto, Maxwell Macmillan Canada, 1991.

3. Statistique Canada, « Tableaux du recensement de la nation, 1996».

4. Aucune statistique ne divise nettement la communauté anglophone en catégories artificielles comme je l'ai fait dans cette analyse. Il s'agit de mes propres estimations en fonction de chaque catégorie ; elles se basent sur mes connaissances de la communauté et sur les opinions d'un certain nombre d'observateurs informés qui ont été consultés. Pour ces calculs, je me suis servi des chiffres du recensement portant sur la langue la plus fréquemment utilisée à la maison.

Chapitre XVI

1. Voir Robert A. Young, *La Sécession du Québec et l'Avenir du Canada*, Sainte-Foy, Presses de l'Université Laval, 1998.

2. Patrick J. Monahan et Michael J. Bryant, « Coming to Terms with Plan B », n° 83, juillet 1996 ; Alan C. Cairns, « Looking into the Abyss : The Need for a Plan C », *The Secession Papers*, Toronto, Institut C. D. Howe, septembre 1997, n° 96 ; Peter Russell et Bruce Ryder – « Ratifying a Postreferendum Agreement on Sovereignty », n° 97, octobre 1997 ; David Laidler et William B. P. Robson, « Walking the Tightrope », n° 102, mars 1998 ; Richard Simeon, « Limits to Partnership », n° 104, mars 1998 (*The Secession Papers*).

3. Gouvernement du Québec, Secrétariat à la restructuration, *Sommaire des études sur la restructuration administrative*, Québec, Publications du Québec, 1995.

4. R. Simeon, « Limits to Partnership », art. cité, p. 32.

5. Les pages qui suivent résument les chapitres XIII et XIV du livre de Young.

6. Michel Demers et Marcel Côté, « Is UDI Feasible : The Economic Impact of a Conflict of Legitimacy », octobre 1997.

Chapitre XVII

1. Groupe de recherche Environics, « The Focus Canada Report », Toronto. Le sondage a été réalisé du 20 juin au 16 juillet 1998.
2. Jane Jacobs, *The Question of Separatism : Quebec and the Struggle over Sovereignty*, New York, Random House, 1980.
3. *Ibid.*, p. 81.
4. *Ibid.*, p. 123.
5. Robert A. Young, *La Sécession du Québec et l'Avenir du Canada*, Sainte-Foy, Presses de l'Université Laval, 1998, p. 126-127.

Chapitre XVIII

1. Raymond B. Blake, *Canadians at Last : Canada Integrates Newfoundland as a New Province*, Toronto, University of Toronto Press, 1994.
2. *Ibid.*, p. 14.
3. *Ibid.*, p. 12.
4. La Commission royale d'enquête sur le bilinguisme et le biculturalisme, 1963-1971.
5. Voir Cour suprême du Canada, « Reference re : Secession of Quebec », paragr. 92.

Chapitre XIX

1. John Ralston Saul, *Réflexions d'un frère siamois : le Canada à la fin du XXᵉ siècle*, Montréal, Boréal, 1998.
2. *Ibid.*, p. 10.

Bibliographie sélective

Les sujets abordés dans ce livre – l'identité canadienne, la politique du Québec, le nationalisme, l'association civile – ont été la source d'inspiration d'une multitude d'ouvrages au cours des années. La courte bibliographie qui suit comprend une liste de documents qui m'ont paru intéressants et qui m'ont été souvent utiles à la préparation du *Temps des adieux*. Un grand nombre des ouvrages énumérés ci-après contiennent des bibliographies plus complètes auxquelles le lecteur intéressé peut se référer.

Le Canada et le Québec

AQUIN, Hubert, *Writing Quebec : Selected Essays*, Edmonton, University of Alberta Press, 1988.

BAILEY, A. G., *Culture and Nationality*, Toronto, McClelland & Stewart, 1972.

BERCUSON, David J. et Barry COOPER, *Goodbye et bonne chance ! Les adieux du Canada anglais au Québec*, traduit par Claude Fafard et Stéphane Dupont, Montréal, Le Jour, 1991.

BLAKE, Raymond B., *Canadians at Last : Canada Integrates Newfoundland as a New Province*, Toronto, University of Toronto Press, 1994.

CALDWELL, Gary et Eric WADDELL, *Les Anglophones du Québec, de majoritaires à minoritaires*, Québec, Institut québécois de recherche sur la culture, 1982.

CAMERON, David, *Nationalism, Self-Determination and the Quebec Question*, Toronto, Macmillan of Canada, 1974.

CONLOGUE, Ray, *Impossible Nation : The Longing for Homeland in Canada and Quebec*, Stratford (Ont.), The Mercury Press, 1996.

COOK, Ramsay, *The Maple Leaf Forever : Essays on Nationalism and Politics in Canada*, Toronto, Macmillan of Canada, 1971.

COOK, Ramsay (dir.), *French Canadian Nationalism*, Toronto, Macmillan of Canada, 1971.

CÔTÉ, Marcel, *Le Rêve de la terre promise*, Montréal, Stanké, 1995.

DION, Léon, *La Prochaine Révolution*, Montréal, Leméac, 1973.

DUMONT, Fernand, *La Vigile du Québec ; Octobre 70 : l'impasse ?*, Montréal, Hurtubise HMH, 1971.

FERGUSON, Will, *Why I Hate Canadians*, Vancouver, Douglas and McIntyre, 1997.

FRANCIS, Daniel, *National Dreams : Myth, Memory, and Canadian History*, Vancouver, Arsenal Pulp Press, 1997.

GIBBINS, Roger et Guy LAFOREST (dir.), *Sortir de l'impasse : les voies de la réconciliation*, traduit par Jacques Constantin, Montréal, Institut de recherche en politique publique, 1998.

GRANASTEIN, J. L., *Yankee Go Home*, Toronto, Harper Collins, 1996.

GRANT, George, *Lament for a Nation : The Defeat of Canadian Nationalism*, Toronto, McClelland & Stewart, 1965.

GWYN, Richard, *Nationalism Without Walls*, Toronto, McClelland & Stewart, 1996.

HUTCHISON, Bruce, *The Unknown Country : Canada and Her People*, Toronto, Longmans, Green & Company, 1942.

JACOBS, Jane, *The Question of Separatism : Quebec and the Struggle over Sovereignty*, Toronto, Random House, 1980.

JEDWAB, Jack, *English in Montreal : A Layman's Look at the Current Situation*, Montréal, Éditions Images, 1996.

JOHNSON, Daniel, *Égalité ou indépendance*, Montréal, Éditions Renaissance, 1965.

JOHNSON, William, *Le Mirage : le Québec entre le Canada et l'utopie*, Montréal, Robert Davies, 1994.

JOY, Richard, *Languages in Conflict*, compte d'auteur, Ottawa, 1967.

LASELVA, Samuel V., *The Moral Foundation of Canadian Federalism : Paradoxes, Achievments, and Tragedies of Nationhood*, Montréal, McGill-Queen's University Press, 1996.

LAURENDEAU, André, *Witness for Quebec*, Toronto, Macmillan of Canada, 1973.

LÉVESQUE, René, *Attendez que je me rappelle...*, Montréal, Québec Amérique, 1986.

LIPSET, Seymour Martin, *Continental Divide : The Values and Institutions of the United States and Canada*, New York, Routledge, Chapman & Hall, 1990.

MEEKISON, J. Peter, *Canadian Federalism, Myth or Reality*, 3e éd., Toronto, Methuen, 1977.

MOORE, Christopher, *1867 : How the Fathers Made a Deal*, Toronto, McClelland & Stewart, 1997.

MORCHAIN, Janet Kerr et Mason WADE, *Search for a Nation : French-English Relations in Canada Since 1759*, Toronto, J. M. Dent & Sons, 1967.

MORTON, Desmond, *A Short History of Canada*, Toronto, McClelland & Stewart, 1997.

PINARD, Maurice, Robert BERNIER et Vincent LEMIEUX, *Un combat inachevé*, Sainte-Foy, Presses de l'Université Laval, 1997.

REID, Scott, *Lament for a Notion*, Vancouver, Arsenal Pulp Press, 1993.

RESNICK, Philip, *Thinking English Canada*, Toronto, Stoddart, 1994.

RYAN, Claude, *Une société stable*, Montréal, Héritage, 1978.

SAUL, John Ralston, *Réflexions d'un frère siamois : le Canada à la fin du XXe siècle*, traduit par Charlotte Melançon, Montréal, Boréal, 1998.

SCOWEN, Reed, *A Different Vision : The English in Quebec in the 1990s*, Toronto, Maxwell Macmillan Canada, 1991.

TAYLOR, Charles, *Rapprocher les solitudes : écrits sur le fédéralisme et le nationalisme au Canada*, Sainte-Foy, Presses de l'Université Laval, 1992.

TRUDEAU, Pierre Elliott, *Le Fédéralisme et la Société canadienne-française*, Montréal, HMH, 1967.

UNDERHILL, Frank H., *The Image of Confederation*, Ottawa, CBC, 1970.

VALLIÈRES, Pierre, *Nègres blancs d'Amérique : autobiographie précoce d'un « terroriste » québécois*, Montréal, Parti pris, 1969.

YOUNG, Robert A., *La Sécession du Québec et l'Avenir du Canada*, traduit par Pierre Desrosiers, Sainte-Foy, Presses de l'Université Laval, 1995.

Le nationalisme et l'association civile

ANDERSON, Benedict, *L'Imaginaire national : réflexions sur l'origine et l'essor du nationalisme*, traduit par P. Emmanuel Dauzat, Paris, La Découverte, 1996.

BARBALET, J. M., *Citizenship*, Milton Keynes (Angleterre), Open University Press, 1988.

BERLIN, Isaiah, *The Sense of Reality : Studies in Ideas and Their History*, New York, Farrar, Strauss and Giroux, 1996.

CARR, E. H., *Nationalism and After*, Londres, Macmillan, 1967.

COURCHENE, Thomas J. (dir.), *The Nation State in a Global Information Era : Policy Challenges*, Kingston (Ont.), Queen's University, 1997.

DAHRENDORF, Ralf, *Réflexions sur la révolution en Europe : 1989-1990*, traduit par Béatrice Vierne, Paris, Seuil, 1991.

DAHRENDORF, Ralf, *The Modern Social Conflict*, Londres, Weidenfield and Nicholson, 1988.

DEUTSCH, Karl W., *Nationalism and Social Communication*, Boston, MIT Press, 1966.

FRIEDMAN, Thomas L., *From Beirut to Jerusalem*, New York, Doubleday, 1995.

GELLNER, Ernest, *Nations et nationalisme*, traduit par Bénédicte Pineau, Paris, Payot, 1989.

HEATER, Derek, *Citizenship*, Londres, Longman, 1990.

HINSLEY, F. H., *Sovereignty*, Cambridge, Cambridge University Press, 1989.

HOBSBAWM, E. J., *Nations and Nationalism since 1780*, Cambridge, Cambridge University Press, 1990.

IGNATIEFF, Michael, *Blood and Belonging: Journeys into the New Nationalism*, Toronto, Penguin Books, 1994.

ISAACS, Harold R., *Idols of the Tribe: Group, Identity and Political Change*, New York, Harper & Row, 1977.

KEDOURIE, Elie, *Nationalism*, Londres, Century Hutchison, 1986.

KOHR, Leopold, *The Breakdown of Nations*, New York, Columbia University Press, 1993.

MINOGUE, K. R., *Nationalism*, Londres, Methuen and Co., 1969.

MOYNIHAN, Daniel Patrick, *Pandaemonium: Ethnicity in International Politics*, New York, Oxford University Press, 1993.

OAKESHOTT, Michael, *De la conduite humaine*, traduit par Olivier Sedeyn, Paris, Presses universitaires de France, 1995.

OAKESHOTT, Michael, *Rationalism in Politics and Other Essays*, Londres, Methuen and Co., 1974.

OLSON, Mancur, *Grandeur et Décadence des nations: croissance économique, stagnation et rigidités sociales*, traduit par Jean Grières et Dimitri Litvinel, Paris, Bonnel, 1983.

PFAFF, William, *The Wrath of Nations*, New York, Simon and Schuster, 1993.

RABUSHKA, Alvin et Kenneth A. SHEPSLE, *Politics in Plural Societies*, Columbus (Ohio), Charles E. Merrill, 1972.

ROCKER, Rudolph, *Nationalism and Culture*, Montréal, Black Rose Books, 1998 [1937].

SAID, Edward W., *Culture and Imperialism*, New York, Vintage Books, 1994.

SANDEL, Michael J., *Democracy's Discontment America in of a Public Philosophy*, Cambridge (Mass.), Harvard University Press, 1996.

SCHLESINGER, Arthur M. Jr., *La désunion de l'Amérique : réflexions sur une société multiculturelle*, traduit par Françoise Burgess, Paris, Liana Levi, 1993.

SMITH, Anthony D., *Nationalism in the Twentieth Century*, Oxford, Martin Robertson, 1979.

TAYLOR, Charles, *Multiculturalisme : différence et démocratie*, traduit par Denis-Armand Canal, Paris, Aubier, 1994.

Remerciements

Un grand nombre de personnes m'ont donné de précieux conseils au cours de l'élaboration de ce livre. Je tiens à préciser ici qu'aucune d'entre elles n'a souscrit à ma proposition et que, d'ailleurs, je ne les ai pas invitées à le faire. Mais leurs suggestions ont été une source d'enrichissement inestimable pour mon livre. Mes plus sincères remerciements vont à Tony Abbott, Richard Beach, Tom Birks, Anne Bohm, Shirley Braverman, David Cameron, Marcel Côté, Charles Doran, Martha et Peter Duffield, Jim Ferrabee, Gordon Gibson, Michael Goldbloom, Julius Grey, Tony Griffiths, John Hallward, Brian Levitt, Phil O'Brien, Donald Macdonald, Juta Reed, Cynthia Ryan, Peter Scowen, Charles Taylor, Gérald Tremblay, Norman Webster et Robert Young.

J'aimerais également souligner l'influence particulière qu'ont exercée Bill Letwin et le défunt Michael Oakeshott, de la London School of Economics and Political Science, sur ma façon de voir la scène politique et la vie elle-même. Leurs marques de sagesse et leur amitié m'ont profondément touché.

Je tiens enfin à remercier Linda McKnight, Andrée Laprise, Jean-Yves Soucy et son équipe, qui m'ont aidé à produire un livre à partir d'un simple texte.

Table

CET OUVRAGE
COMPOSÉ EN GOUDY 12 POINTS SUR 14
A ÉTÉ ACHEVÉ D'IMPRIMER EN SEPTEMBRE
MIL NEUF CENT QUATRE-VINGT-DIX-NEUF
SUR LES PRESSES DE TRANSCONTINENTAL
DIVISION IMPRIMERIE GAGNÉ
À LOUISEVILLE
POUR LE COMPTE DE
VLB ÉDITEUR.

IMPRIMÉ AU QUÉBEC (CANADA)